**Modelle für den altsprachlichen Unterricht
Latein** *Herausgegeben von Norbert Zink*

Quintus Horatius Flaccus
Carpe diem

Eine Einführung in die Welt der horazischen Lyrik

für den Unterricht bearbeitet von
KARL HEINZ ELLER

Verlag Moritz Diesterweg
Frankfurt am Main · Berlin · München

ISBN 3-425-04748-5

© 1986 Verlag Moritz Diesterweg GmbH & Co., Frankfurt am Main.
Alle Rechte vorbehalten. Die Vervielfältigung auch einzelner Teile, Texte oder Bilder — mit Ausnahme der in §§ 53, 54 URG ausdrücklich genannten Sonderfälle — gestattet das Urheberrecht nur, wenn sie mit dem Verlag vorher vereinbart wurde.

Satz: Bibliomania GmbH, Frankfurt am Main
Druck: Wiesbadener Graphische Betriebe GmbH, Wiesbaden
Umschlagfoto: Barbara Brandi, Frankfurt am Main

Inhaltsverzeichnis

Vorwort 4
Horaz-Biographie 5
Menschliche Hybris 6
  Carmen I 3 6
  Zusatztexte: Horaz, Satire I 5, 39—44 8
             Sophokles, Chorlied aus Antigone 9
Carmen I 7 10
Carmen I 9 12
Carmen I 11 14
Das Staatsschiff   Carmen I 14 14
Lyrik und Epos um Troja 16
  Carmen I 15 16
  Zusatztexte: Homer, Ilias III 15—72 und 428—448 18
Geborgenheit in der Poesie   Carmen I 17 21
Zauber der Liebe 23
  Carmen I 22 23
  Zusatztexte: Ägyptisches Liebeslied 24
Carmen I 27 25
Kleopatra, die ägyptische Königin 27
  Carmen I 37 27
  Zusatztexte: Vergil, Aeneis VIII 675—728
             Seeschlacht bei Actium 29
             Lucan, Pharsalia X 136—143 und 355—371 31
Carmen II 3 32
Dionysische Dichtung 34
  Carmen II 19 34
  Carmen III 25   zweisprachig 36
  Zusatztext: Nonnos, Dionysiaka XXII 37
Das Musengedicht   Carmen III 4 38
Carmen III 9 42
Carmen III 14 43
Carmen III 29 45
Unsterblichkeit des Dichterruhms 48
  Carmen III 30 48
  Zusatztext: Ovid, Metamorphosen XV 871—879 49
Carmen IV 3 50
Carmen IV 15 52
Gelagepoesie 53
  Carmen III 21 53
  Epode XIII   zweisprachig 55
  Carmen III 8   zweisprachig 57

Vorwort

Diese in Anbetracht des nicht gerade quantitativ, doch jedenfalls inhaltlich und thematisch reichen und geradezu unerschöpflichen, ja universalen Gesamtwerkes knappe Unterrichtseinheit über horazische Carmina versucht zwei Hauptziele zu erreichen: einmal in das formstrenge, artistisch vollkommene lyrische Œuvre dieses sympathischen Dichters einzuführen und mit seiner Persönlichkeit, seinem erlesenen Geschmack, seinen Freuden und Leiden bekanntzumachen, zum anderen aber über die Poesie eine Einführung in die vielfältigen Bereiche antiken Lebens, antiker Kultur und Natur zu geben. Horaz ist ein Dichter der Synthese und nahm in seine schlanken, in sparsamen Worten geformten Verse die ganze damalige Welt auf, wie sie ihn seine wachen Sinne und seine hohe Intelligenz erleben ließen: Natur und Landschaft, Mensch und Umwelt, Geschichte, Tagespolitik, Religion und Mythos, Literatur und Kunst, Philosophie und Alltagsleben, den geographischen Bereich bis zum heißen Süden (Afrika) und zum bunten Orient hin. Die ganze Mittelmeerkultur jener ereignisreichen Zeit spiegelt sich in den Facetten seiner Poesie wider. Aber Horaz umfaßt auch den gedanklichen Bereich: Elemente aller philosophischen Schulen geben das theoretische Instrumentarium her, Mensch und Existenz zu deuten, und schaffen in Form der so warm präsentierten horazischen Lebensweisheit einen seelisch-geistigen Raum, in dem sich der Mensch bis heute geborgen und getrost entfalten kann: nicht zuletzt ist Horaz ein Lehrer des realistisch erreichbaren Lebensglückes, des vernünftigen und mäßigen Genusses und des schmerzlosen, freudigen Verzichtes. So ließe sich sagen: im Lateinunterricht Horaz zu lesen, bedeutet ein Maximum an Lernzielen in kurzer Zeit erreichen, bedeutet wahrhaft bilden und zum Genuß des Schönen erziehen, ist also zeitsparend und angenehm zugleich, ein Vorgehen in äußerster Ökonomie.

Doch ist dabei noch eines zu betonen: die genannte Universalität von Horazens Poesie macht, daß die Gedichte in sich polythematisch sind, daß die Einheit des jeweiligen Textes oft nur durch tiefschürfende interpretatorische Bemühungen zu erkennen ist (Horaz lesen ist damit eine gute Schulung im Erklären und Interpretieren), daß die Gedichte nicht einhellig einem Themenkreis zuzuordnen sind (deshalb wurde hier auch auf eine Einteilung in solche nur problematisch zu rechtfertigenden Themenkreise verzichtet). Wir finden im gleichen Gedicht oft Liebe und Politik vereinigt, oder Naturbetrachtung und Todesphilosophie, Lebensweisheit und Mythologie, Religion und Geographie, Dichtung und Philosophie, Gelagestimmung und Schicksalsverarbeitung, römischen Alltag und griechische Poesie oder Idee. Vor allem ist die Dichtung von Horaz eine Synthese von griechischem und römischem Geist, was ja von vielen römischen Dichtern gilt, aber von Horaz eben doch besonders. Die vielfältigen literarischen und inhaltlichen Bezüge haben wir durch nicht zu zahlreiche Zusatztexte zu unterstreichen versucht; jedoch sollen die Zusatztexte auch ein Stückchen Eigenwert besitzen und von Horaz ausgehend den Umkreis antiker Kultur noch etwas weiter erschließen.

Horaz-Biographie

Quintus Horatius Flaccus lebte von 65 bis 8 v. Chr. Er stammte aus Venusia am Aufidus in Süditalien und war der Sohn eines Freigelassenen. Der Vater war ein coactor exactionum (Eintreiber von Geld bei Versteigerungen) und ließ dem Sohn in Rom und Athen die beste Bildung zuteil werden. Bei Beginn des Bürgerkrieges war Horaz in Griechenland, bekam im Heer des M. Brutus eine Stelle als Tribun und nahm an der Schlacht bei Philippi teil (42 v. Chr.). Wieder in Rom, lebte er kärglich als Schreiber (scriba quaestorius), bis er um 38 v. Chr. von Vergil und Varius Rufus in den Kreis des Maecenas eingeführt wurde, der ihn auch mit Augustus bekannt machte. Um 33 erhielt Horaz von Maecenas ein kleines Landgut im Digentia-Tal bei Tibur, das für ihn eine Quelle stillen Glückes bedeutete (cf. Satire II 6). Horaz veröffentlichte um 35 v. Chr. sein I. Buch Satiren, um 30 das II. Buch. Seine drei ersten Bücher Carmina entstanden zwischen 33 und 23 und wurden 23 publiziert. Um 20 erschien ein Buch Episteln, um 15 das IV. Buch der Carmina. Später folgten nochmals drei Episteln, darunter die bedeutende „Ars poetica". Horaz starb einige Monate nach seinem Gönner und Freund Maecenas. Der Band seiner Gedichte (insgesamt 104 Carmina und 17 Epoden ebenfalls in lyrischer Form, dazu die 18 Satiren und 13 Episteln) entfaltete eine unermeßliche Wirkung auf die europäische Literatur und Bildungsgeschichte.

Menschliche Hybris

Carmen I 3

      Sic te diva potens Cypri,
  sic fratres Helenae, lucida sidera,
      ventorumque regat pater
  obstrictis aliis praeter Iapyga,
5   navis, quae tibi creditum
  debes Vergilium, finibus Atticis
      reddas incolumem precor,
  et serves animae dimidium meae.
      illi robur et aes triplex
10 circa pectus erat, qui fragilem truci
      commisit pelago ratem
  primus, nec timuit praecipitem Africum
      decertantem Aquilonibus
  nec tristis Hyadas nec rabiem Noti,
15   quo non arbiter Hadriae
  maior, tollere seu ponere vult freta.
      quem mortis timuit gradum,
  qui siccis oculis monstra natantia,
      qui vidit mare turgidum et
20 infamis scopulos Acroceraunia?
      nequiquam deus abscidit
  prudens Oceano dissociabili
      terras, si tamen impiae
  non tangenda rates transiliunt vada.
25   audax omnia perpeti
  gens humana ruit per vetitum nefas.
      audax Iapeti genus
  ignem fraude mala gentibus intulit.
      post ignem aetheria domo
30 subductum macies et nova febrium
      terris incubuit cohors,
  semotique prius tarda necessitas
      leti corripuit gradum.
  expertus vacuum Daedalus aera
35   pennis non homini datis:
  perrupit Acheronta Herculeus labor.
      nil mortalibus ardui est:
  caelum ipsum petimus stultitia neque
      per nostrum patimur scelus
40 iracunda Iovem ponere fulmina.

1 **sic** in diesem Fall, unter der Bedingung   **diva potens Cypri** *Venus, die an der Küste der Insel Kypros dem Meer entstiegen sein soll, daher Schutzgöttin glücklicher Meerfahrt (*'Αφροδίτη εὔπλοια*)*   2 **fratres Helenae** *Castor und Pollux, als Sterne an den Himmel versetzt und als Retter in Seenot häufig angerufen*   **lucidus** strahlend   3 **ventorum** pater   Aeolus, *der Windgott (cf. Odyssee 10, 20ff.)*   4 **Iapyx,-gos** *(gr. Akk. -ga):* Ἰάπυξ Nordwindwind   **obstringere** fesseln   5 **credere** anvertrauen   6 **debere** schulden *(Vergil wollte nach Attica fahren)*   8 **animae dimidium meae** *die andere Hälfte der eigenen Seele: der Freund stellt die notwendige Ergänzung des eigenen Seins dar (Horaz nennt in II 17 seinen Freund Maecenas „meae partem animae")*   9 **robur** Eichenholz   **aes** Erz   **triplex** dreifach   10 **fragilis** zerbrechlich   **trux** trotzig   11 **committere** anvertrauen   **pelagus** Meer   **ratis** Floß, *poetisch für Schiff*   12 **Africus** Südwestwind   13 **decertare** um die Entscheidung kämpfen   **Aquilo** Nordwind *(schon bei Homer kämpfen verschiedene Winde miteinander)*   14 **tristis** *weil sie dunklen Wolkenhimmel bringen*   **Hyades** *(gr. Akk. -as) Sternbild aus sieben Sternen am Kopf des „Stieres": sie bringen Regen (gr.* ὕεω *regnen lassen)*   **rabies** Wut   **Notus** Südwind (= Auster)   15 **arbiter** Herr   **Hadria** Adriatisches Meer   16 **ponere** beruhigen   **fretum** = mare *(poetisch)*   17 **gradus** Schritt, Nahen   18 **siccus** trocken   19 **turgidus** angeschwollen   20 **infamis** verrufen   **scopulus** Klippe   **Acroceraunia** *Vorgebirge an der Küste von Epirus (heute Kap Glossa)*   21 **nequiquam** vergebens   **abscindere, -scidi** trennen   22 **dissociabilis** ungesellig   24 **transilire** überspringen   **vadum** = mare   25 **perpeti** ertragen   27 **Iapeti genus** *Prometheus, Sohn des Iapetus und der Klymene, der den Menschen das von den Göttern gestohlene Feuer brachte und sie die Künste lehrte*   29 **aetherius** himmlisch   30 **subducere** entziehen, rauben   **macies** Magerkeit, Not   **febris** Krankheit (fiebriger Art)   31 **cohors** Schar   32 **semotus** entfernt   **tardus** langsam   33 **letum** Tod   **corripere** beschleunigen   34 **experiri** erproben   **Daedalus** *(gr.* Δαίδαλος *= „Künstler") erbaute für den König Minos auf Kreta das Labyrinth, in das eingesperrt er mit seinem Sohn mit Hilfe selbstgebauter Flügel durch die Luft floh; dabei stürzte sein Sohn Ikarus ins Meer und gab ihm seinen Namen*   35 **penna** Feder   36 **Acheron, -ontis** Unterweltsfluß. *Es handelt sich um die zwölfte der berühmten Arbeiten des Herakles: der Held mußte in die Unterwelt eindringen und Theseus und Peirithoos befreien.*   **labor** = ἆθλος   **Herculeus** *adj.*   37 **nil ardui est** nichts ist schwierig   38 **petere** bestürmen   **stultitia** Torheit   40 **iracundus** zornig   **ponere** = seponere beiseitelegen   **fulmen, -inis** *n.* Blitz

Aufgaben

1. Analysieren Sie die verschiedenen Elemente, aus denen Horaz dieses Gedicht auf die Abfahrt seines Freundes Vergil nach Griechenland aufbaut!
2. Welche Bilder und Gedanken hat der Dichter aus anderer Literatur übernommen?
3. Wie gelingt es ihm trotzdem, ein völlig eigenes Gedicht daraus zu machen? Was läßt sich als spezifisch „horazisch" herauskristallisieren?
4. Welche Art von Frömmigkeit bestimmt die ethische Haltung des Gedichtes? Wie wird Religion gezeigt, wie sind die Götter gesehen?
5. Welche Mythen hat Horaz eingebaut? Wie gelingt es ihm, auf so knappem Raum deren charakteristische Züge darzustellen? Von woher hat der Dichter diese Mythen übernommen?

6. Ist es gerechtfertigt, daß dieses Geleitgedicht (Propemptikon) für Vergil dann auf so grundsätzliche anthropologische (und theologische: beides geht zusammen!) Fragen kommt? Ist der Einsatz als Propemptikon nur Anlaß zur Entwicklung einer bestimmten Kulturphilosophie? Oder sind die Teile gleichwertig? Wie steht es demnach mit der Einheit der Ode?
7. Welche Rolle spielen Eigennamen?
8. Vergleichen Sie die horazische Kulturkritik dieses Gedichtes mit der vergilischen in der IV. Ekloge! Welche Unterschiede der Kritik kann man feststellen? Welche rühren von der Verschiedenheit der Genera und der Gedicht-Anlässe her?
9. Wie sähe ein frommes und gerechtes Leben (nach der Aussage dieser Ode) aus?
10. Mit welchen Formulierungen ist die Kulturkritik hier ausgesprochen?
11. Warum ist gerade die Seefahrt so sehr Anlaß zum Kritisieren menschlicher Hybris?
12. Inwieweit ist dann das Gedicht (über das kulturkritische Thema hinausgehend) Darstellung der Conditio humana, des allgemeinen Wesens des Menschen? Wie wird die Grundsituation des Menschen mythisch erklärt — oder verschleiert?
13. Wie ist Tod und Endlichkeit des Menschen gesehen? Welche Schuld haben die Menschen grundsätzlich auf sich genommen?
14. Vergessen Sie trotzdem nicht, daß es sich um ein Gedicht der Freundschaft handelt! Was sagt es aus über die Bedeutung der Freundschaft für Horaz?
15. Vergleichen Sie mit dem berühmten Chorlied aus Antigone von Sophokles! Welches ist bei Sophokles Anlaß zur Kulturkritik und Darstellung der Conditio humana? Worin ist die Darstellung von Sophokles umfassender als die des Horaz? Was hat Horaz, der doch bestimmt den Text von Sophokles kannte, für sich davon ausgewählt? Ist er in seinen Formulierungen „moderner"? Erscheint der Mensch bei Sophokles intelligenter?
16. Suchen Sie anderen Ausdruck der Kritik am menschlichen Streben nach Allmacht über Natur und Menschheit (Hybrisgedanke) in moderner Literatur und Philosophie.
17. Suchen Sie die poetischen Qualitäten des Gedichtes zu bestimmen!

Zusatztext

Horaz, Satire I 5, 39—44

In seiner Satire I 5 beschreibt Horaz humorvoll und mit farbigem Realismus eine Reise, die er von Rom nach Brundisium unternommen hat. Unterwegs trifft er seine Freunde (in Sinuessa in Kampanien): zusammen mit Vergil sind es der Dichter Varius und Plotius Tucca. Der kurze Textausschnitt ist eine gute Ergänzung zur Vergil-Ode und beleuchtet die Art der Freundschaft, wie sie in diesem Kreise gepflegt wurde.

```
    postera lux oritur multo gratissima; namque
40  Plotius et Varius Sinuessae Vergiliusque
    occurrunt, animae qualis neque candidiores
    terra tulit neque quis me sit devinctior alter.
    o qui complexus et gaudia quanta fuerunt!
    nil ego contulerim iucundo sanus amico.
```

Zusatztext

Sophokles, Antigone 331–383

CHOR.

Strophe 1

Vielgestaltig ist das Ungeheure, und nichts ist ungeheurer
als der Mensch;
dieses Wesen geht auch über das graue
335 Meer im winterlichen Südwind,
unter rings aufbrüllendem
Wogenschwall kommt es hindurch,
der Götter höchste dann, die Erde,
unzerstörbare, unermüdliche erschöpft es sich
340 bei kreisenden Pflügen Jahr für Jahr,
mit dem Rossegeschlecht sie umwühlend.

Gegenstrophe 1

Den Stamm munterer Vö-
gel umgarnt er und fängt sie
und wilder Tiere Völker
345 wie des Meeres Salzbrut
in Fallen, aus Netz gesponnen,
der allzu kluge Mensch.
Er zähmt aber mit Listen das frei schweifende
Tier in den Bergen, das mähnige
350 Pferd zügelt er mit Nacken umgebendem Joch
und den unbezwingbaren Bergstier.

Strophe 2

Sprache und windschnelles
Denken und staatenlenkenden
355 Trieb lehrte er sich und Geschosse unwirtlichen
Reifes, unter freiem Himmel und
in bösem Regen zu fliehen,
überall durchkommend.
Verlegen geht er an nichts
360 Künftiges; vor Hades allein
wird er sich kein Entrinnen schaffen,
schwer heilbare Krankheiten
hat er im Griff.

Gegenstrophe 2

    Als klug anwendbar besitzt er die Kunst
365 der Erfindung über alles Erwarten, und
    er schreitet bald zum Schlechten, bald zum Guten.
    Die Gesetze des Landes bringt er zur Geltung und
    der Götter eidlich verpflichtet Recht,
    in der Stadt hoch oben;
370 von der Stadt ausgeschlossen, wer sich dem Unrecht
    ergibt des Wagemuts wegen.
    Weder sei mir Gast am Herde
    noch gleichen Sinnes,
375 wer solches tut.

    Gegenüber solch gottgewirkter Erscheinung kenne ich mich
    nicht mehr aus; wie soll ich, wo ich es weiß, widersprechen,
    dieses Mädchen sei nicht Antigone?
    Unglückselige
380 und Tochter des unglückseligen Vaters Ödipus,
    was gibt es? Haben sie doch nicht dich, ungehorsam
    dem königlichen Gebot,
    bei sinnlosem Tun ergriffen und bringen dich daher?

(Norbert Zink)

Carmen I 7

    Laudabunt alii claram Rhodon aut Mytilenen
        aut Epheson bimarisve Corinthi
    moenia vel Baccho Thebas vel Apolline Delphos
        insignis aut Thessala Tempe:
5 sunt quibus unum opus est intactae Palladis urbem
        carmine perpetuo celebrare et
    undique decerptam fronti praeponere olivam:
        plurimus in Iunonis honorem
    aptum dicet equis Argos ditisque Mycenas:
10   me nec tam patiens Lacedaemon
    nec tam Larisae percussit campus opimae,
        quam domus Albuneae resonantis
    et praeceps Anio ac Tiburni lucus et uda
        mobilibus pomaria rivis.
15 albus ut obscuro deterget nubila caelo
        saepe Notus neque parturit imbris
    perpetuo, sic tu sapiens finire memento
        tristitiam vitaeque labores

> molli, Plance, mero, seu te fulgentia signis
> castra tenent seu densa tenebit
> Tiburis umbra tui. Teucer Salamina patremque
> cum fugeret, tamen uda Lyaeo
> tempora populea fertur vinxisse corona,
> sic tristis adfatus amicos:
> 'quo nos cumque feret melior fortuna parente,
> ibimus, o socii comitesque.
> nil desperandum Teucro duce et auspice: Teucri
> certus enim promisit Apollo
> ambiguam tellure nova Salamina futuram.
> o fortes peioraque passi
> mecum saepe viri, nunc vino pellite curas;
> cras ingens iterabimus aequor.'

1 Rhodos, *Akk.* -on *Insel an der Südwestspitze Kleinasiens mit Hauptstadt gleichen Namens, dem Apollo heilig* Mytilene *Hauptstadt der Insel Lesbos* Ephesos *Hafenstadt in Kleinasien gegenüber* Samos *(mit berühmtem Diana-Tempel)* bimaris *an zwei Meeren gelegen* Corinthus *Stadt an der bekannten Landenge (Isthmus)* Thebae *Hauptstadt von Böotien* Delphi, -orum *berühmteste Kultstätte des Apollo* 4 insignis *berühmt* Thessalus *Adj.* zu Thessalia *(Landschaft in Nordgriechenland)* Tempe *n. pl. wegen seiner landschaftlichen Reize bekanntes Tal* 5 intactus *unberührt, jungfräulich* Palladis urbs *Athen* 6 perpetuus *unendlich lang* celebrare *preisen* 7 decerpere *abpflücken* praeponere + *Dat. davorlegen, darumflechten* oliva *Ölzweig* 8 plurimus *mancher* 9 aptus *geeignet* Argos, *n. Stadt in der Argolis (Nordosten der Peloponnes)* dis, ditis *reich* Mycenae, -arum *uralte Stadt der Argolis, Königssitz des Agamemnon* 10 patiens *unempfindlich* Lacedaemon *Stadt auf der Peloponnes (Sparta)* 11 Larisa *Stadt in Thessalien, am Ufer des Peneios* percutere *treffen, innerlich berühren* opimus *fruchtbar* 12 Albunea *weissagende Nymphe; ihr war eine Grotte (mit schwefelhaltiger Quelle) in der Nähe der Aniofälle bei Tibur geweiht* resonans *widerhallend* 13 praeceps *herabstürzend (über Kaskaden)* Anio *Nebenfluß des Tiber* Tiburnus *sagenhafter Gründer von Tibur (heute: Tivoli)* udus *feucht* 14 mobilis *beweglich, fließend* pomarium *Obstgarten* 15 albus *hell* detergere *abwischen, vertreiben* 16 Notus *Südwind* parturire *gebären, hervorbringen* 19 molle merum *milder Wein* fulgere *blitzen* signum *Feldzeichen* 20 tenere *beherbergen* 21 Teucer *Sohn des Königs Telamon (von Salamis) und Halbbruder des Aias; als er nach dem Trojanischen Krieg heimkehrte, wies ihn sein Vater ab, weil er den Tod des Aias nicht gerächt hatte, worauf er auf Zypern ein neues Salamis gründete* Salamis, -inis, *Akk.* -a *Insel bei Athen* 22 Lyaeus = *Bacchus Wein* 23 tempus, -oris, *n. Schläfe* populeus *von der Pappel* vincire *umwinden* 24 adfari *ansprechen* 25 quo nos cumque = quocumque *(wohin auch immer)* nos 27 nil = nihil *Verstärkung von non* desperare *verzweifeln* auspice Teucro *unter der Leitung von Teucer* 28 certus *untrüglich* 29 ambiguus *hier: neu (anderes Salamis)* tellus, -uris *Erde* 31 pellere *vertreiben* 32 iterare *wieder aufsuchen, befahren* aequor *das Meer*.

Aufgaben

1. Analysieren Sie den Aufbau des Gedichtes, indem Sie die Hauptabschnitte in ihrem Zusammenhang miteinander erklären! Worin besteht die Einheit der Ode?
2. Welchen Sinn drückt die Passage mit der Aufzählung und Vorstellung der berühmten Städte und Landschaften Griechenlands aus, welche poetische Wirkung erreicht sie? Mit welchen Mitteln charakterisiert und preist Horaz die einzelnen Gegenden? Sind sie nur als Gegensatz zu Horazens geliebtem Tibur nicht zu ausführlich vorgestellt und müssen also eine eigene Funktion haben?
3. Welche Bedeutung für das Gedicht und seinen Aufbau hat die Vorstellung von Tibur und der Hinweis darauf in V. 21? Welche Vorzüge besitzt Tibur?
4. Arbeiten Sie die moralische Botschaft der Ode heraus! Worin besteht der Optimismus des Gedichtes?
5. Analysieren Sie die Teucer-Rede und berücksichtigen Sie die Situation, in der sie gesprochen ist! Welche Kraft strahlt diese Gestalt aus? Was macht Teucers Optimismus so überzeugend und ansteckend?
6. Welche ist die Wirkung des „offenen Schlusses"? Welches Gefühl geht von dem „ingens aequor" dieses Schlusses auf den Leser aus?
7. Kann man das Gedicht als „Trinklied" bezeichnen? Welche Bedeutung hat jedenfalls für das Gedicht der Wein (V. 19, V. 22 und V. 31)?
8. In welchem Verhältnis zueinander stehen das griechische und das italisch-römische Element?
9. Trägt die Bezogenheit des Gedichtes auf einen (auch uns bekannten) Adressaten zu seinem Verständnis bei?

Carmen I 9

Vides ut alta stet nive candidum
Soracte, nec iam sustineant onus
   silvae laborantes, geluque
      flumina constiterint acuto.

5 dissolve frigus ligna super foco
large reponens atque benignius
   deprome quadrimum Sabina,
      o Thaliarche, merum diota:

permitte divis cetera, qui simul
10 stravere ventos aequore fervido
   deproeliantis, nec cupressi
      nec veteres agitantur orni.

quid sit futurum cras fuge quaerere et
quem Fors dierum cumque dabit lucro
15   appone, nec dulcis amores
      sperne puer neque tu choreas,

>   donec virenti canities abest
>   morosa. nunc et campus et areae
>   lenesque sub noctem susurri
> 20   composita repetantur hora,
>
>   nunc et latentis proditor intimo
>   gratus puellae risus ab angulo
>   pignusque dereptum lacertis
>   aut digito male pertinaci.

1 **nix, -nivis** Schnee   2 **Soracte** *hoher Bergrücken am Tiber in Südetrurien (mit Apollonheiligtum)*   **sustinere** aushalten   3 **laborare** sich mühen, leiden   **gelu, -us,** *n.* Frost   4 **consistere** stehen bleiben   5 **dissolvere** auflösen, vertreiben   **frigus, -oris,** *n.* Kälte   6 **large** reichlich   **reponere** auflegen, nachlegen   **benignus** großzügig   7 **depromere** hervorholen   **quadrimus** vierjährig   **Sabinus** sabinisch *(die Sabiner sind Bewohner des Apenninen-Gebirges nordöstlich von Rom)*   8 **diota** zweihenkliger Krug   9 **permittere** überlassen   **divi** = dei   **simul** sobald   10 **sternere** beruhigen   **fervidus** brausend   11 **deproeliari** (um die Entscheidung) kämpfen   **cupressus** (κυπάρισσος) Zypresse   12 **agitare** bewegen   **ornus** Esche   13 **fugere** + *Inf.* vermeiden zu   14 **quem dierum cumque** = quemcumque diem welchen Tag auch immer   **lucrum** Gewinn   15 **adponere** zurechnen   16 **chorea** Reigentanz   17 **virere** grünen, jung sein   **canities** graues Haar   18 **morosus** mürrisch   **area** Platz, Spielfeld   19 **lenis** sanft, leise   **susurrus** Flüstern   20 **componere** verabreden   **repetere** immer wieder aufsuchen   21 **latere** verborgen sein   **proditor** *Adj.* verräterisch   **intumus** der innerste   22 **risus, -us** Lachen   **angulus** Winkel, Ecke   23 **pignus** Unterpfand, Liebespfand   **deripere** abreißen   **lacertus** Arm   24 **male** schlecht, nicht recht **pertinax** hartnäckig, festhaltend

Aufgaben

1. Welche Überschrift würden Sie dem Gedicht geben?
2. Wodurch verbreitet es eine solche Stimmung des Behagens und der antiken Lebensfreude?
3. Welchen Hintergrund für die folgenden Gedanken und das hier entworfene Menschenleben schafft das Naturbild der 1. Strophe? Worin besteht der künstlerische Reiz dieses Naturbildchens?
4. Wie sieht das Interieur aus, in dem sich der Dichter mit seinem jungen Freund aufhält?
5. Welches Verhältnis zu den Göttern skizziert die 3. Strophe?
6. Welche Philosophie beherrscht das Gedicht? In welchen Gedichten ist dieselbe Philosophie ausgestaltet?
7. Warum ist die Lebensfreude, zu der Horaz seinen Freund ermuntert, vor allem erotischer Art?
8. Welches Bild des Lebens römischer Jugend entwirft dieses „Liebesgedicht"? Warum wird die Liebe allgemein als hübsches Spiel dargestellt? Wie äußert sich das Liebesspiel in der Sprache? Warum ist nicht von Liebesleidenschaft die Rede?

Carmen I 11

    Tu ne quaesieris, scire nefas, quem mihi, quem tibi
    finem di dederint, Leuconoe, nec Babylonios
    temptaris numeros. ut melius, quidquid erit, pati,
    seu pluris hiemes seu tribuit Iuppiter ultimam,
5 quae nunc oppositis debilitat pumicibus mare
    Tyrrhenum: sapias, vina liques, et spatio brevi
    spem longam reseces. dum loquimur, fugerit invida
    aetas: carpe diem, quam minimum credula postero.

1 **nefas (est)** wäre nicht erlaubt, Frevel   2 **dederint** bestimmt haben   **Babylonii numeri** Astrologie *(die von den Chaldäern besonders gepflegt wurde, einem semitischen Volksstamm, der 626 v.Chr. Babylonien eroberte)*   **ut melius** wieviel besser ist es   5 **oppositus** entgegengestellt   **debilitare** schwächen, brechen   **pumex, -icis** Bimssteinfelsen, durchlöcherte Felsenküste   6 **mare Tyrrhenum** Thyrrhenisches Meer *(westlich von Italien)*   **sapere** weise sein   **liquare** klären, seihen *(man machte dies unmittelbar vor dem Gebrauch, mit einem Metallsieb − colum − oder einem Seihtuch − saccus)*   7 **resecare** + Dat. zurückschneiden auf, bemessen   **invidus** mißgünstig   8 **aetas** Lebenszeit   **carpere** pflücken, genießen *(dabei ist die Vorstellung des Pflückens von Blüten und Früchten mit erhalten)*   **credulus** gläubig, vertrauend (leichtgläubig)

Aufgaben

1. Untersuchen Sie an diesem kleinen Gedicht, wie Horaz einen Gedanken der Lebensweisheit in Lyrik umsetzt!
2. Suchen Sie in Horazgedichten die Gestaltung des gleichen Themas! Mit welchen anderen Motiven ist es dort verbunden?
3. Was erreicht der Mensch, der sich auf das „carpe diem" wirklich einstellt und die Zukunft soweit wie möglich außer acht läßt?
4. Wie ist der empfohlene Lebensgenuß angedeutet?
5. Welchen − poetischen und argumentativen − Sinn hat es, daß Horaz dazwischen den Blick auf das ruhelos an die Küste brandende Meer lenkt?
6. Ist das „quidquid erit, pati" ein Element stoischer Philosophie?

Das Staatsschiff

Carmen I 14

    O navis, referent in mare te novi
    fluctus! o quid agis? fortiter occupa
        portum! nonne vides ut
            nudum remigio latus,

5   et malus celeri saucius Africo,
      antemnaeque gemant, ac sine funibus
         vix durare carinae
         possint imperiosius

      aequor? non tibi sunt integra lintea,
10   non di quos iterum pressa voces malo.
         quamvis Pontica pinus,
         silvae filia nobilis,

      iactes et genus et nomen inutile,
      nil pictis timidus navita puppibus
15   fidit. tu, nisi ventis
         debes ludibrium, cave.

      nuper sollicitum quae mihi taedium,
      nunc desiderium curaque non levis,
         interfusa nitentis
20   vites aequora Cycladas.

1 **referre** zurücktragen   2 **fluctus** Flut   **occupare** anstreben   3 **portus, -us** Hafen   4 **nudus** entblößt   **remigium** Ruder   **latus** Flanke   5 **malus** Mastbaum   **saucius** verletzt   **Africus** Südwind   6 **antemna** Querstange, Rahe   **gemere** stöhnen   **funis** Seil, Tau   7 **durare** aushalten, überdauern   **carina** Kiel   8 **imperiosus** gewaltig   9 **aequor** Meer   **integere** heil   **linteum** Segel   10 **premere** erdrücken   11 **Ponticus** vom Pontus *(Schwarzes Meer)*   **pinus** Fichte   13 **iactare** rühmend nennen   **inutilis** nutzlos   14 **pictus** bunt bemalt   **navita** = nauta   **puppis** Achterdeck, Heck   15 **fidere** vertrauen   16 **debere** Schulden   **ludibrium** Spielzeug, Spielball   17 **sollicitus** aufregend   **taedium** Ekel, Abscheu, Verdruß   18 **desiderium** Gegenstand der Sorge, Sehnsucht   19 **interfusus** dazwischen geströmt   **nitere** glänzen   20 **Cyclades** *Inselgruppe östlich von Griechenland*

Aufgaben

1. In welcher Situation befindet sich das Schiff, das Horaz hier anspricht?
2. Wieso kann der Dichter ein Schiff personifizieren und die Rede an es richten? Was gewinnt er durch die Anrede für die Sprache seines Gedichtes?
3. Welche Ratschläge gibt er dem Schiff? Was wünscht er ihm?
4. Worin zeigt sich die Vertrautheit des Dichters mit der Schiffahrt (z. B. technischer Wortschatz)?
5. Was erreicht er durch die Verbindung speziell technischer Sprache mit allgemein menschlichen Gefühlen?
6. Was bedeutet der Abschnitt V. 15–20?
7. Nehmen Sie die Darstellung des Schiffes als Allegorie (Gleichnis) für den Zustand des Staates (Staatsschiff, ein in der Antike häufiger Vergleich): Was sagt dann die Ode über Horazens Verhältnis zum Staat aus? Welche Wandlung hat seine Beziehung zur Res publica durchgemacht, und wovon könnte sie verursacht sein? Was bedeutet

im Licht dieser Deutung der Abschnitt über den Stolz des Schiffes auf seine Herkunft?
8. Was erlaubt die Form dieser Allegorie dem Dichter, was vermag er dadurch auszudrücken, das zu sagen ihm sonst nicht leicht möglich wäre?
9. Wodurch wird das Bild dieses Schiffes so überaus lebendig und sinnlich faßbar? Was bewirkt die Verwendung der Eigennamen: Africus, Pontica pinus, Cyclades?
10. Welche Kräfte wirken auf das Schiff ein, und was will Horaz mit diesen ausdrücken?

Lyrik und Epos um Troja

Carmen I 15

> Pastor cum traheret per freta navibus
> Idaeis Helenen perfidus hospitam,
> ingrato celeris obruit otio
>   ventos, ut caneret fera
>
> 5 Nereus fata: mala ducis avi domum,
> quam multo repetet Graecia milite,
> coniurata tuas rumpere nuptias
>   et regnum Priami vetus.
>
> heu heu, quantus equis, quantus adest viris
> 10 sudor! quanta moves funera Dardanae
> genti! iam galeam Pallas et aegida
>   currusque et rabiem parat.
>
> nequiquam Veneris praesidio ferox
> pectes caesariem grataque feminis
> 15 imbelli cithara carmina divides,
>   nequiquam thalamo gravis
>
> hastas et calami spicula Gnosii
> vitabis strepitumque et celerem sequi
> Aiacem; tamen heu serus adulteros
> 20   cultus pulvere collines.
>
> non Laertiaden, exitium tuae
> gentis, non Pylium Nestora respicis?
> urgent impavidi te Salaminius
>   Teucer, te Sthenelus sciens
>
> 25 pugnae, sive opus est imperitare equis,
> non auriga piger. Merionen quoque
> nosces. ecce furit te reperire atrox
>   Tydides melior patre,

>   quem tu, cervus uti vallis in altera
> 30 visum parte lupum graminis immemor,
>   sublimi fugies mollis anhelitu,
>   non hoc pollicitus tuae.
>
>   iracunda diem proferet Ilio
>   matronisque Phrygum classis Achillei;
> 35 post certas hiemes uret Achaicus
>   ignis Iliacas domos.

1 **pastor** *Paris, der trojanische Königssohn, der den Schönheitswettbewerb der drei Göttinnen Aphrodite, Hera und Athene entschied, tat es als Hirte auf dem Ida-Gebirge; dafür bekam er von der Liebesgöttin, die den Preis davontrug, die schöne Helena aus Sparta; deshalb wurde Paris auch später als Hirt bezeichnet.* **trahere** entführen 2 **Idaeus** aus Holz vom Ida-Gebirge **Helenen** *gr. Akk.* **perfidus** wortbrüchig *(er brach das Gastrecht)* **hospita** Gastgeberin 3 **ingratus** unangenehm **obruere** anhalten (eigentlich verschütten): *„kühne Metapher" (Heinze)* 4 **canere** prophezeien 5 **Nereus** *Meeresgott, zukunftskundig wie Proteus in der Odyssee (4. Buch) und in Vergils Georgica (4. Buch)* **mala avi** mit üblem Vorzeichen 6 **repetere** zurückverlangen, -holen 7 **coniuratus** + *Inf.* verschworen **nuptiae** Ehe 8 **Priamus** *König von Troja, Vater des Paris* 9 **adest** steht bevor 10 **sudor** Schweiß **movere** heranbringen **Dardana gens** trojanisches Volk 11 **Pallas** *Göttin Athene, die im Trojanischen Krieg auf griechischer Seite kämpfte* **aegis** Götterschild **rabies** Wut 13 **praesidium** Schutz **ferox** stolz, selbstbewußt 14 **pectere** kämmen **caesaries** Haupthaar 15 **inbellis** unkriegerisch **cithara** Kithara: *Musikinstrument mit gezupften Saiten zur Begleitung von Gesang* **dividere** zukommen lassen 16 **thalamus** Schlafgemach 17 **spiculum** Spitze **calamus** Cnosius *knossischer Pfeil (aus Schilfrohr); vielleicht denkt Horaz hier an einen kretischen Kämpfer wie Meriones* **strepitus** Schlachtenlärm **celer** schnell *auf der Verfolgung* 19 **Aiax, -acis** *der kleine (lokrische) Aias der Ilias (z.B. Buch 13, 701:* Ὀιλῆος ταχὺς υἱός) **adulter** ehebrecherisch 20 **collinere** beschmutzen **pulvis, eris** Staub 21 **Laertiades** Odysseus **exitium** ... *er hat die List mit dem hölzernen Pferd gefunden, durch die Troja nach zehn Jahren endlich fiel* 22 **Pylius Nestor** *der älteste Kämpfer, wie Odysseus vor allem weise im Rat* **respicere** berücksichtigen, fürchten 23 **urgere** drängen **impavidus** unerschrocken **Salaminius Teucer,** *Bruder des großen Aias* 24 **Sthenelus** *in der Ilias Wagenlenker des Diomedes* 25 **imperitare** gebieten 26 **auriga** Wagenlenker 27 **reperire** atrox *auch hier Adj. mit Inf. (wie V. 18)* furchtbar, dich zu finden *(kühner Ausdruck)* 28 **Tydides** Diomedes *cf. Ilias 4, 405* 30 **graminis immemor** das Gras vergessend 31 **sublimi ... anhelitu** mit fliegendem Atem, keuchend **mollis** feige **tuae** *wirkungsvoll ist nur das Possessivpronomen verwendet (statt: Helenae)* 33 **proferre** hinauszögern *(gemeint ist der Streit zwischen Achill und Agamemnon um das Mädchen Briseis, der den Griechen sehr geschadet hat)* 34 **Phryges** Trojaner 35 **certus** fest vorherbestimmt (vom Schicksal) **hiemes** für annos **Achaicus** griechisch **Iliacus** trojanisch

Aufgaben

1. Warum wählt Horaz für die Darstellung des Trojanischen Krieges: a) die Person des Paris, b) die Form der Weissagung durch einen Meeresgott und c) den Augenblick der Fahrt des Entführers mit Helena über das Meer?
2. Welche Rolle spielt Paris im gesamten Gedicht, und wie wird er charakterisiert?
3. Was hat wohl den Dichter an der Aufgabe gereizt, einen der berühmtesten epischen Stoffe der Antike lyrisch in Odenform darzustellen? Welche Probleme ergaben sich daraus für ihn, und wie hat er sie gelöst?
4. Wie beginnt und wie endet Nereus seine Prophezeiung?
5. Welche (symbolischen) Bedeutungen haben die Göttinnen Pallas und Venus? Inwieweit ist hier die Wichtigkeit der Vorgeschichte für den Trojanischen Krieg aufgezeigt? Wie ist das Liebesthema behandelt? Inwieweit ist Paris als „Antiheld" gesehen?
6. Prüfen Sie durch Lektüre von Ilias-Stellen die Überlieferung dieses Stoffes nach, wie sie Horaz vorlag!
7. Was an diesem Gedicht ist typisch lyrisch, obwohl der Stoff episch ist und sich einer solchen Behandlung eigentlich entzieht?
8. Welche Rolle spielt die Erregung von Affekten? Wo finden Sie theatralische Effekte?
9. Was können Sie als epische Elemente der Darstellung ansprechen?
10. In welcher Weise wird der Kampf vor Troja hier dichterisch vergegenwärtigt? Welche Helden werden vorgestellt? Warum ist nicht von trojanischen Kriegern (z. B. Hektor) die Rede?
11. Untersuchen Sie den Satzbau!
12. Wie weit finden wir in dem Gedicht Realismus der Darstellung und der Bilder?
13. Ist eine (moralische, ideologische) Tendenz festzustellen?
14. Worin besteht die Tragik und vielleicht die Paradoxie des Trojanischen Krieges?
15. Was an dem Gedicht erscheint eventuell echt horazisch?

Zusatztext

Homer, Ilias III 15—72 und 428—448

15   Als sie nunmehr sich genaht, die Eilenden, gegeneinander,
     Trat hervor aus den Troern der göttliche Held Alexandros,
     Tragend ein Pardelvlies und ein krummes Geschoß um die Schultern,
     Samt dem Schwert; zwo Lanzen, gespitzt mit der Schärfe des Erzes.
     Schwenkt' er und rief hervor die tapfersten aller Achaier,
20   Gegen ihn anzukämpfen in schreckenvoller Entscheidung.
     Aber sobald ihn sahe der streitbare Held Menelaos
     Vor dem Scharengewühl einhergehn mächtigen Schrittes:
     So wie ein Löwe sich freut, dem größere Beute begegnet,
     wenn ein gehörneter Hirsch dem Hungrigen oder ein Gemsbock
25   Nahe kommt, denn begierig verschlinget er, ob auch umher ihn
26   Hurtiger Hunde Gewühl wegscheucht, und blühende Jäger:
     So war froh Menelaos, den göttlichen Held Alexandros
     Dort mit den Augen zu schaun, denn er wollt' ihn strafen, den Frevler.

Schnell vom Wagen herab mit den Rüstungen sprang er zur Erde.
30 Aber sobald ihn sahe der göttliche Held Alexandros
Schimmern im Vorderheer, da erbebte vor Angst sein Herz ihm;
Und in der Freunde Gedräng' entzog er sich, meidend das Schicksal.
So wie ein Mann, der die Natter ersah, mit Entsetzen zurückfuhr
In des Gebirgs Waldtal (ihm erzitterten unten die Glieder,
35 Rasch nun floh er hinweg und Bläss umzog ihm die Wangen):
Also taucht' er zurück in die Meng' hochherziger Troer,
Zagend vor Atreus' Sohn, der göttliche Held Alexandros.
Hektor schalt ihn erblickend und rief die beschämenden Worte:
39   Weichling, an Schönheit ein Held, weibsüchtiger, schlauer Ver-
                                                                           führer!
Wärest du nie doch geboren, das wünscht' ich dir, oder gestorben,
Eh' du um Weiber gebuhlt! Viel heilsamer wäre dir solches,
Als nun so zum Gespött dastehn und allen zum Anschaun!
Ja, ein Gelächter erheben die hauptumlockten Achaier,
Welche des Heers Vorkämpfer dich achteten, weil du so schöner
Bildung erscheinst, doch wohnt nicht Kraft dir im Herzen, noch
45   Stärke!
Wagtest denn du, ein solcher! in meerdurchwandelnden Schiffen
Über die Wogen zu gehn, von erlesenem Volke begleitet
Und zu Fremden gesellt, ein schönes Weib zu entführen
Aus der Apier Lande, die Schwägerin kriegrischer Männer?
50 Deinem Vater zum Gram und der Stadt und dem sämtlichen Volke,
Aber den Feinden zur Wonn' und zu ewiger Schande dir selber?
Ha, nicht mochtest du stehn vor Atreus' Sohn, denn gelernet
Hättest du, welchem Manne die blühende Gattin du raubtest!
Nichts auch frommte die Laute dir jetzt und die Huld Aphroditens,
Nichts dein Haar und der Wuchs, wenn dort du im Staube dich
55   wälztest!
Wären die Troer nur nicht Feigherzige, traun, es umhüllte
Längst dich ein steinerner Rock für das Unheil, das du gehäuft hast!
    Ihm antwortete drauf der göttliche Held Alexandros:
Hektor, dieweil du mit Recht mich tadelst, nicht mit Unrecht;
60 Stets ist dir ja das Herz wie die eherne Axt unbezwingbar,
Welche das Holz durchstrebt vor dem Zimmerer, wann er zum
                                                                          Schiffbau
Künstlich die Balken behaut und ihr Schwung ihm die Stärke
                                                                        vermehret;
So ist fest dir das Herz und stets unerschrockenen Mutes.
Nur nicht rüge die Gaben der goldenen Aphrodite.
65 Unverwerflich ja sind der Unsterblichen ehrende Gaben,
Welche sie selber verleihn und nach Willkür keiner empfänget.
Doch jetzt, willst du mich sehn im tapferen Streite des Krieges,

> Heiße die anderen ruhn, die Troer umher und Achaier;
> Laßt dann mich vor dem Volk und den streibaren Held Menelaos
> Kämpfen um Helena selbst und die sämtlichen Schätze den Zweikampf.
> 70
> Wer von beiden nunmehr obsiegt und stärker erscheinet,
> Nehme die Schätze gesamt mit dem Weibe und führe sie heimwärts.

Eine hübsche Ergänzung zu dieser Stelle bildet aus dem gleichen Buch die Passage V. 428–448. Inzwischen hat Paris mit Menelaos gekämpft und ist ihm unterlegen, aber Aphrodite rettet ihn und versetzt ihn in seine Wohnung, wo ihn Helena anspricht.

> Kommst du vom Kampfe zurück? O lägest du lieber getötet
> Dort vom gewaltigen Manne, der mir der erste Gemahl war!
> 430 Ha, du prahltest vordem, den streitbaren Held Menelaos
> Weit an Kraft und Händen und Lanzenwurf zu besiegen!
> Gehe denn nun und berufe den streitbaren Held Menelaos,
> Wiederum zu kämpfen im Zweikampf! Aber dir rat' ich,
> Bleib' in Ruh und vermeide den bräunlichen Held Menelaos,
> Gegen ihn anzukämpfen den tapferen Kampf der Entscheidung
> 436 Ohne Bedacht, daß nicht durch seinen Speer du erliegest!
> Aber Paris drauf antwortete, solches erwidernd:
> Frau, laß ab, mir das Herz durch bittere Schmähung zu kränken.
> Jetzo hat Menelaos mir obgesiegt mit Athene,
> 440 Ihm ein andermal ich; denn es walten ja Götter auch unser.
> Komm, wir wollen in Lieb' uns vereinigen, sanft gelagert.
> Denn noch nie hat also die Glut mir die Seele bewältigt,
> Auch nicht, als ich zuerst aus der lieblichen Flur Lakedämon
> Segelte, dich entführend in meerdurchwandelnden Schiffen,
> 445 Und auf Kranaens Au mich gesellt' in Lieb und Umarmung,
> Als ich anjetzt dir glühe, durchbebt von süßem Verlangen.
> Sprach's und nahte dem Lager zuerst; ihm folgte die Gattin.
> Beide ruheten dann im schöngebildeten Bette.

(Johann Heinrich Voss)

Aufgaben

1. Hier lesen Sie ein Stück aus der homerischen Ilias, das gut mit der horazischen Paris-Ode zu vergleichen ist. Was kann der epische Dichter sich an Ausführlichkeit und dichterischem Schmuck erlauben, das Horaz in seiner Lyrik verschlossen bleibt? Beachten Sie, wie Horaz dennoch das Wesentliche in äußerster Konzentration abbilden konnte und sogar noch ganz ins Detail zu gehen verstand!
2. Wie stellt Homer die beiden ungleichen Brüder Alexander (= Paris) und Hektor gegeneinander? Worin besteht der poetisch so wirksame Kontrast!

3. Wie setzt Homer Gleichnisse ein? Wie funktionieren diese? Welchen künstlerischen Eigenwert besitzen sie?
4. Wie zeigt Homer im Epos den Einzelnen und die Masse, den Helden und das gesamte Heer? Wie verhalten sich beide zueinander? Wie werden sie dichterisch-technisch miteinander verknüpft?
5. Wie wird des Paris Neigung zu Frauen dargestellt und beurteilt? Wie wird speziell sein Vergehen gegenüber der Ehe von Menelaus und Helena abgebildet?
6. Wodurch stellt Homer den Gegensatz Kampf — Liebe dar?
7. Worin besteht das „Heroische" der homerischen Dichtung?
8. Welche Wertbegriffe herrschen hier?
9. Wie ist die Aphrodite-Frömmigkeit des Paris zu beurteilen?
10. Inwiefern könnte diese Stelle als Anregung für die Paris-Ode von Horaz gedient haben? Ist sie in den Grundgedanken hier schon angelegt? Wodurch ergänzt Horaz in diesem Falle diesen Kern, um ein vollständiges kleines Abbild des gesamten Krieges zustande zu bringen?
11. Wieso bringt Paris es fertig, daß Helena sich seiner Liebe hingibt, obwohl sie doch unzufrieden mit ihm ist?

Geborgenheit in der Poesie

Carmen I 17

Velox amoenum sape Lucretilem
mutat Lycaeo Faunus et igneam
    defendit aestatem capellis
        usque meis pluviosque ventos.

5   impune tutum per nemus arbutos
    quaerunt latentis et thyma deviae
        olentis uxores mariti,
            nec viridis metuunt colubras

    nec Martialis haediliae lupos,
10   utcumque dulci, Tyndari, fistula

---

1 **velox** schnell   **amoenus** lieblich   **Lucretilis** *Berg im Sabinerland, heute wohl Monte Gennari, westlich des Digentia-Tales, wo Horaz sein kleines Gut hatte*   2 **mutare** *+ Akk. und Abl.* vertauschen   **igneus** glühendheiß   3 **defendere** abwehren   **capella** Ziege   4 **usque** immerzu   **pluvius** regenbringend   5 **impune** *Adv.*, ungestraft   **arbutus** Erdbeerstrauch *(immergrüner Strauch mit eßbaren, schlehenartigen Früchten)*   6 **latens** verborgen   **thymum** Thymian, Quendel   **devius** vom Weg abirrend   7 **olere** riechen, stinken   **uxores** *gemeint sind die Ziegen*   **maritus** Gatte   8 **viridis** grün   **colubra** Natter   9 **Martialis** *Adj. zu Mars (dem Mars geweiht)*   **haedilia** Zicklein   10 **utcumque** immer wenn   **fistula** Flöte

>   valles et Usticae cubantis
>   levia personuere saxa.
>
>   di me tuentur, dis pietas mea
>   et musa cordi est. hic tibi copia
> 15   manabit ad plenum benigno
>   ruris honorum opulenta cornu:
>
>   hic in reducta valle Caniculae
>   vitabis aestus et fide Teia
>   dices laborantis in uno
> 20   Penelopen vitreamque Circen:
>
>   hic innocentis pocula Lesbii
>   duces sub umbra, nec Semeleius
>   cum Marte confundet Thyoneus
>   proelia, nec metues protervum
> 25 suspecta Cyrum, ne male dispari
>   incontinentis iniciat manus
>   et scindat haerentem coronam
>   crinibus immeritamque vestem.

11 **Ustica** *Berg im Sabinerland* **cubans** zurückgelehnt, sanft ansteigend   12 **levis** glatt   **personare** widerhallen *(glatte Felswände geben ein gutes Echo)*   14 **cordi est** liegt am Herzen   15 **manare** strömen   **ad plenum** in Fülle   **benignus** großzügig   16 **honos, -oris** Gabe   **opulentus** reich   **cornu** Füllhorn   17 **reductus** zurückgezogen, abgelegen   **Canicula** Hundsstern   18 **aestus, -us** Hitze, Glut   **fides Teia** *Saitenspiel des Dichters Anakreon (von der Insel Teos an der kleinasiatischen Küste)*   19 **dicere** besingen   **laborare** in leiden an, kämpfen um   **uno** Odysseus   20 **Penelope** *Frau des Odysseus*   **vitreus** gläsern, falsch   **Circe** *Zauberin, Inbild schillernd-verführerischer Weiblichkeit*   21 **innocens** unschädlich   **poculum** Becher   **Lesbium** (vinum) Lesbierwein   22 **ducere** schlürfen   **Semeleius** = Bacchus   23 **confundere proelia** Kämpfe austragen   **Thyoneus** = *Sohn der Semele (Thyone)*, Bacchus   24 **protervus** frech   25 **suspectus** argwöhnisch, beargwöhnt   **dispar** ungleich, nicht gewachsen   26 **incontinens** unbeherrscht   **inicere** anlegen   27 **scindere** zerreißen   28 **immeritus** unschuldig

Aufgaben

1. Vor welchem Landschaftshintergrund wird hier ein Phantasiebild idyllischen Seins entworfen? Wie stellt Horaz Elemente italischer Natur dar?
2. Inwieweit wirken in diese Natur göttliche Mächte hinein? Welche Beziehung hat der Dichter selbst zu den Göttern?
3. In welcher Weise formuliert Horaz die Einladung auf sein Landgut an seine Freundin Tyndaris? Wie preist er sich selbst diskret als besseren Partner als Cyrus an?
4. Welche Werte setzt Horaz gegen die Brutalität des Cyrus? Was hat er selbst zu bieten?

5. Welche Rolle spielen im Gedicht Dichtkunst und Musik?
6. Was bedeutet es, daß Horaz dem Mädchen als Stoff für seinen Gesang die Liebe des Odysseus zu Penelope und Circe anbietet? Inwiefern kann man in dieser Odysseegeschichte ein Spiegelbild für das Verhältnis der Tyndaris zu den beiden Männern sehen? Was würde dieser Mythos als Einladungsgedanke über Horaz als eventuellen Liebhaber der Tyndaris aussagen? Welche Beziehung hat hier Dichtung zum gelebten Leben?
7. Was an dem Gedicht verbreitet die Stimmung von Geborgenheit und stiller Lebensfreude?
8. Inwieweit unterstützt Humor das humane Ethos des Gedichtes?
9. Ist die Ode ein Liebesgedicht? Welche Liebesauffassung wäre dann in ihr gestaltet?
10. Wie könnte man nach diesem Gedicht die ideale poetische Lebensform des Horaz beschreiben?
11. Welche Aufbauprinzipien bestimmen das Gedicht?

Zauber der Liebe

Carmen I 22

> Integer vitae scelerisque purus
> non eget Mauris iaculis neque arcu
> nec venenatis gravida sagittis,
>   Fusce, pharetra,
>
> 5 sive per Syrtis iter aestuosas
> sive facturus per inhospitalem
> Caucasum vel quae loca fabulosus
>   lambit Hydaspes.
>
> namque me silva lupus in Sabina,
> 10 dum meam canto Lalagen et ultra
> terminum curis vagor expeditis,
>   fugit inermem,

1 **integer** + *Gen.* unantastbar, untadelig in   **purus** + *Gen.* rein, frei von   2 **egere** + *Abl.* bedürfen   **Maurus** maurisch *(Mauretanien liegt im Westen Nordafrikas; die Einwohner sind als Reiter und Bogenschützen berühmt)*   **iaculum** Wurfspeer   3 **venenatus** vergiftet   **gravidus** schwanger, schwer gefüllt   4 **Fuscus**, *Aristius Freund des Horaz, der Komödien schrieb*   **pharetra** Köcher   5 **Syrtis** Sandbank *(im Mittelmeer)* und gegenüberliegende Bucht — *vor allem in Nordafrika die Große und Kleine Syrte*   **aestuosus** glühend heiß   6 **inhospitalis** ungastlich   7 **fabulosus** sagenhaft   8 **lambere** belecken, bespülen   **Hydaspes** *Fluß in Nordwestindien*   9 **Sabinus** sabinisch   11 **terminus** Grenze   **vagari** streifen   **curis expeditis** von Sorgen frei   12 **inermis** waffenlos

> quale portentum neque militaris
> Daunias latis alit aesculetis
15 nec Iubae tellus generat, leonum
> arida nutrix.
>
> pone me pigris ubi nulla campis
> arbor aestiva recreatur aura,
> quod latus mundi nebulae malusque
20 Iuppiter urget;
>
> pone sub curru nimium propinqui
> solis in terra domibus negata:
> dulce ridentem Lalagen amabo,
> dulce loquentem.

13 portentum Wundertier, Ungeheuer **militaris** kriegerisch **14 Daunias** *Land des Daunus, Apulien* **aesculetum** Eichenwald **15 Iuba** *König von Numidien (46 v.Chr. Selbstmord nach der Schlacht von Thapsus)* **generare** erzeugen **leo** Löwe **16 aridus** trocken **nutrix** Amme **17 piger** unfruchtbar **18 aestivus** sommerlich **recreare** erfrischen **19 latus** Gegend **nebula** Nebel **20 Iuppiter** Wettergott **urgere** bedrängen **21 nimium** zu sehr **22 negare** verweigern **23 dulce ridere** lieblich lachen

Zusatztext

Ägyptisches Liebeslied

Aus den „Liedern vom Fluß"

Die Liebe der Geliebten ist auf jener Seite.
Der Fluß ist zwischen uns.
Ich will zu ihr.
Ein Krokodil liegt auf der Sandbank.

Ich steige in das Wasser
Und wate durch die Wellen.
Mein Herz ist stark in der Flut.
Das Wasser ist wie Land für meine Füße.

Denn die Liebe zu ihr ließ mich gefeit sein,
Als hätte sie mir Wasserzauber gesungen.

aus: LYRIK DES OSTENS. Gedichte der Völker Asiens. Herausgegeben von W. Gundert, A. Schimmel und W. Schubring.
© 1965 Carl Hanser Verlag München Wien

Aufgaben

1. Was verleiht dem Dichter Schutz und Sicherheit auch in äußeren Gefahren?
2. Wie kommt der Dichter darauf, daß geistig-seelische und moralische Eigenschaften den Menschen ganz materiell sichern und schützen können? Wie könnte solch ein magischer Schutz in der Realität zustandekommen? Suchen Sie Parallelstellen über den gleichen Gedanken in verschiedener Literatur!
3. Wie baut Horaz die Aufzählung der Gefahren systematisch zusammen, so daß das Gedicht eine klassische symmetrische Komposition erhält? Welchen poetischen Wert haben die geographischen Namen?
4. Inwieweit bringt das Gedicht ein subjektives Erlebnis, inwieweit vom Dichter distanzierte Wirklichkeit? Wie verbinden sich beide?
5. In welchem Ton trägt Horaz sein kleines Erlebnis vor?
6. Welche Rolle hat hier das Mädchen Lalage?
7. Haben wir ein Liebeslied vor uns? Welches wäre die Eigenart dieses Liebesliedes?
8. Vergleichen Sie das ägyptische Liebesgedicht! Kann es etwas zum Verständnis der Horazode beitragen? Warum wohl hat Horaz nicht so sehr den magischen Aspekt betont wie der ägyptische Dichter (... ließ mich gefeit sein, Wasserzauber)?

Carmen I 27

Natis in usum laetitiae scyphis
pugnare Thracum est: tollite barbarum
   morem, verecundumque Bacchum
      sanguineis prohibete rixis.

5 vino et lucernis Medus acinaces
immane quantum discrepat: impium
   lenite clamorem, sodales,
      et cubito remanete presso.

vultis severi me quoque sumere
10 partem Falerni? dicat Opuntiae
   frater Megillae, quo beatus
      vulnere, qua pereat sagitta.

1 **natus** erfunden, geschaffen **scyphus** (= σκύφος) Henkelbecher, Pokal 2 **Thracum est** ist der Thraker Art *(sie sind rohe und kriegerische Volksstämme im Nordosten von Griechenland und in Makedonien bis zum Schwarzen Meer)* 3 **verecundus** schamhaft, züchtig 4 **sanguineus** blutig **prohibere** fernhalten, bewahren **rixa** Streit 5 **lucerna** Lampe, Leuchte (aus Ton oder Erz, für Öl) **Medus** medisch *(die Meder sind ein Volk südlich des Kaspisees)* **acinaces** (= ἀκινάκης) kurzer gerader Säbel, persischer Dolch 6 **immane (est) quantum ...** es ist schrecklich, wie sehr ... **discrepare** verschieden sein **impius** gottlos 7 **sodalis** Kamerad 8 **cubitus** Ellenbogen **remanere** liegen bleiben 9 **severus** streng 10 **Falernus** edler Wein aus dem Nordwesten Kampaniens **Opuntia** Einwohnerin von Opus, *lokrische Hauptstadt am Euböischen Meerbusen* 12 **perire** ersterben, vergehen (erotisch)

```
           cessat voluntas? non alia bibam
           mercede. quae te cumque domat Venus,
15         non erubescendis adurit
           ignibus, ingenuoque semper
           amore peccas. quidquid habes, age
           depone tutis auribus. a! miser,
           quanta laborabas Charybdi,
20         digne puer meliore flamma.
           quae saga, quis te solvere Thessalis
           magus venenis, quis poterit deus?
           vix illigatum te triformi
           Pegasus expediet Chimaera.
```

14 **merces, -edis** Lohn, Preis   14 **Venus** Liebe, Liebesverhältnis   15 **erubescendus** worüber man erröten muß   16 **ingenuus** edel   17 **peccare** sündigen   18 **deponere** niederlegen, anvertrauen   19 **Charybdis** *Sagengestalt der Odyssee in der Meerenge von Sizilien, die in einem Strudel alles verschlingt*   21 **saga** Hexe   **Thessalus** thessalisch *(Thessalien: nordgriechische Landschaft)*   22 **magus** Zauberer   23 **illigare** anbinden, fesseln   **triformis** dreigestaltig (Löwe, Ziege, Drache)   24 **Pegasus** Flügelroß (bes. Roß der Musen)   **expedire** befreien   **Chimaera** *von Bellerophon getötet*

Aufgaben

1. Worin bestehen die poetischen Qualitäten dieser kleinen Szene aus einem typisch antiken Gastmahl? Was trägt die Form des Gedichtes (direkte Rede, die jedoch Vorgänge einbezieht, die der dazugekommene Dichter nacheinander beobachtet) zur Verlebendigung bei?
2. Welche Wirkung entfaltet der Eingangssatz? Worin besteht das Humane dieser Ode?
3. Erzählen Sie die Vorgänge der Szene, schildern Sie die Situation des Dichters!
4. Welche Einzelheiten des Gastmahls weichen von den Bräuchen moderner Geselligkeit ab?
5. Wie behandelt Horaz hier vor allem das Liebesthema? Welche Liebesauffassung liegt hier zugrunde? Werten Sie vor allem das sprachliche Material aus, das den Liebestatbestand ausdrückt: beatus volnere, pereat sagitta, domat Venus, adurit ignibus, amore peccas! Welches ist das Paradox der Liebe?
6. Welcher Ton liegt im Gedichtschluß, der gewaltiges mythologisches Personal bemüht?
7. Was sagt das Überraschungsmoment in V. 18ff. a miser, der Kontrast zwischen Erwartung des Dichters und der wirklichen Geliebten des jungen Mannes, ebenfalls über das *Wesen der Liebe allgemein* aus?
8. Wie wertet der Dichter hier den Gegensatz zwischen orientalischer und europäischer Lebensart, zwischen Barbaren und Römern (nicht tierisch ernst, sondern heiter gelöst) aus?

Kleopatra, die ägyptische Königin

Carmen I 37

    Nunc est bibendum, nunc pede libero
      pulsanda tellus, nunc Saliaribus
        ornare pulvinar deorum
          tempus erat dapibus, sodales.

5   antehac nefas depromere Caecubum
      cellis avitis, dum Capitolio
        regina dementis ruinas
          funus et imperio parabat

    contaminato cum grege turpium
10 morbo virorum, quidlibet impotens
        sperare fortunaque dulci
          ebria. sed minuit furorem

    vix una sospes navis ab ignibus,
      mentemque lymphatam Mareotico
15   redegit in veros timores
          Caesar ab Italia volantem

    remis adurgens, accipiter velut
      mollis columbas aut leporem citus
        venator in campis nivalis
20   Haemoniae, daret ut catenis

---

2 **pulsare** stampfen   **Saliares dapes** *den Saliern, einer römischen Priesterschaft, wurden bei ihren Umzügen üppige Mahlzeiten vorgesetzt; solche reiche Mahlzeit sollen nun die Römer den Göttern als Dank anbieten; bei einem solchen lectisternium wurden den Götterbildern, die auf Polsterlagern ruhten, Speisen vorgesetzt (cenae ad pulvinaria)*   3 **pulvinar** Polster, Kissen   4 **sodalis** Gefährte, Kamerad   5 **antehac** vordem   **depromere** herabholen *(man bewahrte Wein auf dem Speicher auf)*   **Caecubum** (vinum) *berühmter Wein, der in einer sumpfigen Niederung Latiums am sinus Amyclanus wuchs*   **cella** Vorratskammer   **avitus** großväterlich, uralt   7 **demens** wahnwitzig   **ruina** Untergang   8 **funus** Verderben   9 **contaminare** beflecken   **turpis** schändlich entstellt (durch Entmannung)   10 **morbus** krankhafte Neigung   **quidlibet** alles beliebige   **impotens** zügellos   12 **ebrius** trunken   **furor** Raserei   13 **sospes** wohlbehalten, heil   14 **lymphatus** berauscht   **Mareoticum** (vinum) *Wein vom Mareotis-See bei Alexandria, galt als einzig geschätzter Wein Ägyptens*   15 **redigere** treiben, bringen   17 **adurgere** nachdrängen   **accipiter** Habicht   19 **nivalis** verschneit   20 **Haemonia** Thessalien

fatale monstrum; quae generosius
perire quaerens nec muliebriter
expavit ensem nec latentis
classe cita reparavit oras;

25 ausa et iacentem visere regiam
vultu sereno, fortis et asperas
tractare serpentis, ut atrum
corpore combiberet venenum,

deliberata morte ferocior,
30 saevis Liburnis scilicet invidens
privata deduci superbo
non humilis mulier triumpho.

21 **generosius** auf edlere Weise   22 **muliebris** weiblich   23 **expavescere, -pavi** fürchten   **ensis** Schwert   24 **reparare** aufsuchen   25 **visere** betrachten   **regia** Königspalast   27 **tractare** anfassen   **ater** dunkel   28 **combibere** aufsaugen, aufnehmen   29 **deliberare** beschließen   **ferox** trotzig   30 **Liburnus** Schnellsegler   **scilicet** gewiß, natürlich   **invidere** nicht gönnen   31 **privatus** entthront   32 **triumpho** Dativ

Aufgaben

1. Welche lyrischen und welche epischen Elemente bringen diese einzigartige Ode zustande?
2. Welchen Augenblick stellt der Dichter hier poetisch heraus?
3. Hat es einen Sinn, daß Horaz am Anfang der Ode ein Gedicht des Griechen Alkaios zitiert?
4. Warum spricht wohl Horaz hier nur von Kleopatra und nicht auch von Antonius?
5. Welche Wirkung hat es, daß er gerade eine Frau als gefährliche Feindin Roms so hochstilisiert?
6. Stellen Sie negative und positive Aussagen über Kleopatra einander gegenüber!
7. Welche Bedeutung hat für Römer und Ägypterin der Wein in diesem „Trinklied"? Kann man die Verwendung des Weins auf beiden Seiten voneinander differenzieren?
8. Suchen und erklären Sie Wörter, die stark emotionale Wirkung entfalten! Welche Gefühle bei Kleopatra werden dargestellt?
9. Wie wird Caesar-Augustus gezeigt, mit welchen poetischen Mitteln wird er charakterisiert?
10. Was bedeuten die beiden Bezeichnungen für Kleopatra: fatale monstrum und non humilis mulier?
11. Untersuchen Sie Satz- und Strophenbau in ihrem Verhältnis zueinander! Warum hat Horaz so lange Sätze geschrieben, und wie brachte er es fertig, die Sätze so weit auszudehnen? Wie werden die Sätze verknüpft? Welche Funktion hat die Verwendung der Partizipien?
12. Wie gelangt Horaz zum Kleopatra-Thema? In welcher Reihenfolge erscheinen die Bilder, die das Wesen der Königin und ihren Untergang abbilden?

13. Unterscheiden Sie bildhaft-poetische und gedanklich-informative Elemente! Wie sind sie miteinander verbunden?
14. Vergleichen Sie das Bild der Kleopatra mit den anderen Darstellungen im Epos des Vergil und des Lucan!
15. Worin äußert sich das Gefühl der Befreiung von der Gefahr, das Horaz verbreiten möchte?

Zusatztext

Vergil, Aeneis VIII 675–728

Vergil beschreibt den von Vulcanus kunstvoll gearbeiteten Schild des Aeneas, auf dem exemplarisch die römische Geschichte abgebildet ist, u. a. auch die Schlacht bei Actium. Hier wird zusammen mit Antonius auch die Ägypterin Cleopatra gezeigt.

675 in medio classis aeratas, Actia bella,
    cernere erat, totumque instructo Marte videres
    fervere Leucaten auroque effulgere fluctus.
    hinc Augustus agens Italos in proelia Caesar
    cum patribus populoque, penatibus et magnis dis,
680 stans celsa in puppi, geminas cui tempora flammas
    laeta vomunt patriumque aperitur vertice sidus.
    parte alia ventis et dis Agrippa secundis
    arduus agmen agens: cui, belli insigne superbum,
    tempora navali fulgent rostrata corona.
685 hinc ope barbarica variisque Antonius armis,
    victor ab Aurorae populis et litore rubro,
    Aegyptum virisque Orientis et ultima secum
    Bactra vehit, sequiturque (nefas) Aegyptia coniunx.
    una omnes ruere ac totum spumare reductis
690 convulsum remis rostrisque tridentibus aequor.
    alta petunt; pelago credas innare revulsas
    Cycladas aut montis concurrere montibus altos,
    tanta mole viri turritis puppibus instant.
    stuppea flamma manu telisque volatile ferrum
695 spargitur, arva nova Neptunia caede rubescunt.
    regina in mediis patrio vocat agmina sistro,
    necdum etiam geminos a tergo respicit anguis.
    omnigenumque deum monstra et latrator Anubis
    contra Neptunum et Venerem contraque Minervam
700 tela tenent. saevit medio in certamine Mavors

      caelatus ferro, tristesque ex aethere Dirae,
      et scissa gaudens vadit Discordia palla,
      quam cum sanguineo sequitur Bellona flagello.
      Actius haec cernens arcum intendebat Apollo
705 desuper: omnis eo terrore Aegyptus et Indi,
      omnis Arabs, omnes vertebant terga Sabaei.
      ipsa videbatur ventis regina vocatis
      vela dare et laxos iam iamque immittere funis.
      illam inter caedes pallentem morte futura
710 fecerat ignipotens undis et Iapyge ferri,
      contra autem magno maerentem corpore Nilum
      pandentemque sinus et tota veste vocantem
      caeruleum in gremium latebrosaque flumina victos.
      at Caesar, triplici invectus Romana triumpho
715 moenia, dis Italis votum immortale sacrabat,
      maxima ter centum totam delubra per urbem.
      laetitia ludisque viae plausuque fremebant;
      omnibus in templis matrum chorus, omnibus arae;
      ante aras terram caesi stravere iuvenci.
720 ipse sedens niveo candentis limine Phoebi
      dona recognoscit populorum aptatque superbis
      postibus; incedunt victae longo ordine gentes,
      quam variae linguis, habitu tam vestis et armis.
      hic Nomadum genus et discinctos Mulciber Afros,
725 hic Lelegas Carasque sagittiferosque Gelonos
      finxerat; Euphrates ibat iam mollior undis,
      extremique hominum Morini, Rhenusque bicornis,
      indomitique Dahae, et pontem indignatus Araxes.

Aufgaben

1. Wie zeigt Vergil die Größe der ägyptischen Flotte? Warum wird ihre ungeheure Größe so herausgearbeitet?
2. Welche Bedeutung hat die Nennung der ägyptischen und römischen Götter?
3. Wie erscheint Cleopatra selbst in Beziehung zu Antonius?
4. Worauf liegt in Vergils Darstellung der Akzent? Beachten Sie, daß es sich eigentlich um eine „Bildbeschreibung" handelt!

Zusatztext

Lucan, Pharsalia X 136—143

Im *10. Buch* seiner epischen Behandlung des Bürgerkrieges läßt Lucan (nach der Darstellung der Ermordung des Pompeius) Caesar mit Cleopatra zusammenkommen. Bei der Schilderung des Festbanketts wird Cleopatra gezeigt.

      discubuere illic reges maiorque potestas
Caesar. et immodice formam fucata nocentem,
nec sceptris contenta suis nec fratre marito,
plena maris rubri spoliis colloque comisque
140 divitias Cleopatra gerit cultuque laborat;
candida Sidonio perlucent pectora filo,
quod Nilotis acus compressum pectine Serum
solvit et extenso laxavit stamina velo.

Lucan, Pharsalia X 353—370

Später ist nochmals von der Königin die Rede, in der Botschaft des Pothinus an Achillas (in der er ihn zur Ermordung Caesars anstiften möchte).

                    'tu mollibus' inquit
  'nunc incumbe toris et pingues exige somnos:
355 invasit Cleopatra domum nec prodita tantum est,
sed donata Pharos. cessas accurrere solus
ad dominae thalamos? nubit soror impia fratri,
nam Latio iam nupta duci est, interque maritos
discurrens Aegypton habet Romamque meretur.
360 expugnare senem potuit Cleopatra venenis:
crede, miser, puero. quem nox si iunxerit una
et semel amplexus incesto pectore passus
hauserit obscenum titulo pietatis amorem,
meque tuumque caput per singula forsitan illi
365 oscula donabit; crucibus flammisque luemus,
si fuerit formosa soror. nil undique restat
auxilii: rex hinc coniunx, hinc Caesar adulter.
et sumus, ut fatear, tam saeva iudice sontes:
quem non e nobis credit Cleopatra nocentem,
370 a quo casta fuit?

Aufgaben

1. Lesen Sie diese ausschweifende Darstellung der verführerischen Königin als Kontrasttext zu Horazens dagegen fast nüchterner und nobler, gerechter Behandlung dieser Frau!
2. Worin können wir Ergänzungen des Cleopatra-Bildes finden, die in der Linie des Horaz liegen, was widerspricht vielleicht ihrem Bild bei Horaz?
3. Worin ist Lucan moralistischer als Horaz?
4. Wo bringt Lucan Züge einer typisch orientalischen Despotin?
5. Mit welchen sprachlichen Mitteln stellt Lucan Cleopatras sexuelle Unbändigkeit dar?
6. Wie setzt Cleopatra ihre sexuelle Verführungskraft ein?

Carmen II 3

Aequam memento rebus in arduis
servare mentem, non secus in bonis
    ab insolenti temperatam
        laetitia, moriture Delli,

5 seu maestus omni tempore vixeris,
seu te in remoto gramine per dies
    festos reclinatum bearis
        interiore nota Falerni.

quo pinus ingens albaque populus
10 umbram hospitalem consociare amant
    ramis? quid obliquo laborat
        lympha fugax trepidare rivo?

huc vina et unguenta et nimium brevis
flores amoenae ferre iube rosae,
15   dum res et aetas et sororum
        fila trium patiuntur atra.

cedes coemptis saltibus et domo
villaque flavus quam Tiberis lavit;
    cedes, et exstructis in altum
20   divitiis potietur heres.

divesne prisco natus ab Inacho
nil interest an pauper et infima
    de gente sub divo moreris,
        victima nil miserantis Orci.

25 omnes eodem cogimur, omnium
versatur urna serius ocius
    sors exitura et nos in aeternum
        exsilium impositura cumbae.

1 **aequa mens** Gleichmut   **memento** gedenke!   **res arduae** Schwierigkeiten, Notlagen   2 **non secus** nicht anders, nicht minder   **bonis** *sc. rebus*   3 **insolens** übermäßig, ungewöhnlich   **temperare** mäßigen   4 **moriturus** sterblich   5 **maestus** traurig   6 **remotus** fern, einsam   **gramen, -inis,** *n.* Gras, Rasen   7 **reclinare** hinlegen, lagern   **beare** erfreuen   8 **interior nota** bessere Marke *(im innersten Raum der apotheca lagen die besseren Sorten, zurückgehalten für festliche Gelegenheiten)*   9 **quo** wozu   **pinus** Pinie   **albus** weißlich *(Silberpappel)*   **populus** Pappel   10 **hospitalis** gastlich   **consociare** gemeinsam erzeugen   **amare** + *Inf.* gern (machen)   11 **obliquus** gewunden   **laborare** + *Inf.* sich Mühe geben, zu ...   12 **lympha** Wasser   **fugax** flüchtig   **trepidare** (ängstlich) eilen   13 **unguentum** Salböl   **brevis** kurzlebig, schnell verblüht   14 **amoenus** lieblich   15 **res** (familiaris) Besitz   **sorores tres** *gemeint sind die Schicksalsgöttinnen*   16 **filum** Faden   17 **coemere** zusammenkaufen   18 **flavus** gelblich (vom mitgeführten Lehm)   **Tiberis** Tiber   **lavere** = lavare bespülen   19 **exstruere** anhäufen   **in altum** hoch, in die Höhe   20 **potiri** sich bemächtigen   **heres** Erbe   21 **priscus** uralt   **Inachus** *Sohn des Okeanos und der Tethys, Gründer und Urkönig von Argos, Vater der Io*   22 **interest** ist, macht einen Unterschied   **infimus** der unterste, niederste   23 **sub divo** unter freiem Himmel   **morari** verweilen   24 **victima** Opfer   **nil miserans** unerbittlich   **Orcus** (Gott der) Unterwelt   25 *eodem* an denselben Ort   26 **versari** sich drehen, geschüttelt werden   **urna** Urne   *serius ocius* früher oder später   27 **sors** Los   28 **exilium** Verbannung   **imponere** darauflegen, hinschicken   **cumba** Kahn, Fähre (über den Fluß der Unterwelt)

Aufgaben

1. Kann man sagen, daß diese Ode, die das Thema des drohenden Todes mit dem des sinnvollen, vernünftigen Lebensgenusses verbindet, epikureischen Geist atmet? Welche Spielart von Epikureismus ist für Horaz charakteristisch?
2. Wie wirkt sich die am Anfang empfohlene Gelassenheit auf das Leben aus?
3. Wie preist Horaz sein Ideal des Genießens? Welche Ausdruckskraft haben die Fragesätze der dritten und der Imperativ der vierten Strophe?
4. Wie verwendet Horaz hier Elemente des Mythos, an den er doch sicherlich nicht glaubt, der jedoch dichterisch wirksame Ausdrucksmöglichkeiten schafft (Symbolik)?
5. Wie (mit welchen Begriffen und Namen) wird die Todverfallenheit des Menschen faßbar gemacht?
6. Warum deutet Horaz die Genüsse, um die es ihm geht, nur so knapp an?
7. Was sagen die Infinitivausdrücke „consociare amant" und „laborat ... trepidare" dichterisch aus?
8. Wird durch die ausführliche Behandlung der Endlichkeit des Menschen in der 2. Hälfte der Ode (V. 15–28) das Positive im ersten Teil überlagert und verdrängt?
9. Suchen Sie andere Horazgedichte mit Behandlung des Todesgedankens! Welches ist die spezifische Eigenart dieser Ode?

Dionysische Dichtung

Carmen II 19

    Bacchum in remotis carmina rupibus
    vidi docentem — credite posteri —
        Nymphasque discentis et auris
            capripedum Satyrorum acutas.

5 Euhoe, recenti mens trepidat metu
    plenoque Bacchi pectore turbidum
        laetatur: Euhoe, parce Liber,
            parce gravi metuende thyrso!

    fas pervicaces est mihi Thyiadas
10 vinique fontem lactis et uberes
        cantare rivos atque truncis
            lapsa cavis iterare mella:

    fas et beatae coniugis additum
    stellis honorem tectaque Penthei
15   disiecta non leni ruina
            Thracis et exitium Lycurgi.

    tu flectis amnis, tu mare barbarum,
    tu separatis uvidus in iugis
        nodo coerces viperino
20   Bistonidum sine fraude crinis:

    tu, cum parentis regna per arduum
    cohors Gigantum scanderet impia,
        Rhoetum retorsisti leonis
            unguibus horribilique mala;

25 quamquam choreis aptior et iocis
    ludoque dictus non sat idoneus
        pugnae ferebaris: sed idem
            pacis eras mediusque belli.

    te vidit insons Cerberus aureo
30 cornu decorum leniter atterens
        caudam et recedentis trilingui
            ore pedes tetigitque crura.

1 **remotus** entfernt **rupes, -is** Fels **posteri** Nachgeborene, Enkel **auris** Ohr **capripes, -dis** bocksfüßig **Satyrus** *Naturgottheit aus dem Gefolge des Gottes Dionysos* **acutus** gespitzt *(zum Zeichen des gespannt aufmerksamen Zuhörens)* 5 **euhoe** Kultruf des Bakchos **recens** frisch **trepidare** zittern **plenus** erfüllt **turbidus** aufgewühlt **laetari** sich freuen **Liber** *römischer Weingott, der mit Dionysos identifiziert wurde:* Bacchus **gravis** bedrohlich-ehrwürdig **thyrsus** Thyrsus: *Kultstab der Dionysos-Anhänger, ein Fichten- oder Schilfstab mit Efeu- und Weinlaub an der Spitze, manchmal auch mit einem Tannenzapfen* 9 **pervicax, -acis** beharrlich **Thyias, -adis** Thyiade = Bakchantin *(-as gr. Akk. Pl.)* 10 **et** *gestellt wie -que:* et **lactis uber** + *Gen.* reich an 11 **truncus** Baumstamm **cavus** hohl **iterare** immer neu besingen (wiederholen) 13 **coniugis** Ariadne, *die als Sternbild an den Himmel versetzt wurde* 14 **Pentheus**, *der sich gegen den Bacchuskult wehrte, wurde von den Bakchantinnen, unter denen seine eigene Mutter war, zerrissen* 15 **disicere** zerstören 16 **Thracis et** = et Thracis **Thrax** Thraker **Lycurgus** *weigerte sich, den Bacchuskult anzunehmen, und wurde mit Blindheit bestraft* 18 **separatus** fern **uvidus** weinselig 19 **nodus viperinus** Knoten aus Schlangen **coercere** bändigen 20 **Bistonis, idis** Thrakerin oder Bakchantin **sine fraude** ohne Schaden 21 **parentis** Juppiter, *Vater der Götter und Menschen* **per arduum** über die Höhen 22 **cohors** Schar **Gigantes** *riesenhafte Söhne der Erde und des Tartarus, wollten den Himmel erobern und wurden von den Göttern in der Gigantenschlacht besiegt* **scandere** besteigen, bestürmen 23 **Rhoetus** *einer der Giganten* **retorquere, retorsi** zurückschleudern 24 **unguis** Kralle **mala** Kinnbacke 25 **quamquam** ... *auch diese Strophe bezieht sich auf die Teilnahme des Bacchus an der Gigantenschlacht* **chorea** Reigentanz 26 **idoneus** = aptus passend 28 **medius belli** mitten im Krieg 29 **insons** (unschuldig) ohne zu schaden **Cerberus** Höllenhund 30 **decorus** schön **atterere** regen, bewegen 31 **cauda** Schweif **recedere** zurückkehren **trilinguis** mit drei Zungen 32 **crus, cruris** Schenkel

Aufgaben

1. In welcher inneren Haltung nähert sich der Dichter dem Gott Bacchus, und wie erlebt er in seiner Phantasie die Nähe des Gottes?
2. Welche Taten des Gottes erscheinen in dem hymnenartigen Gedicht?
3. Wie hebt der Dichter das Wesen des Gottes sprachlich heraus? Welche Rolle spielen Anreden in der 2. Person?
4. Welche Legitimationen für sein eigenes Dichten leitet Horaz aus dem Bacchuskult ab?
5. Warum schafft Horaz hier einen Zugang eher zu griechischer als zu römischer Religiosität?
6. Vergleichen Sie das Gedicht mit der anderen Bacchus-Ode III 25! Welche Details des Bacchusglaubens sind in beiden Gedichten übereinstimmend?
Zu III 25:
7. Was holt der Dichter aus dem Vergleich mit der Bakchantin in V. 8—14 heraus? Wie deutet er mit Hilfe des Bacchus-Kultes seinen Dichterberuf?
8. Warum wird Horaz selbst zum Bacchus-Jünger?
9. Warum benötigt der Dichter für seine Aufgabe, Caesar (= Augustus) zu besingen, die absolute Irrationalität des bakchantischen Geistes?
10. Wie erscheinen politische Aussagen (über Augustus) aus dem Blickwinkel der ekstatischen Bacchus-Frömmigkeit?

Carmen III 25

      Quo me, Bacche, rapis tui
plenum? quae nemora aut quos agor in specus
      velox mente nova? quibus
antris egregii Caesaris audiar
5   aeternum meditans decus
stellis inserere et consilio Iovis?
      dicam insigne recens adhuc
indictum ore alio. non secus in iugis
      exsomnis stupet Euhias
10 Hebrum prospiciens et nive candidam
      Thracen ac pede barbaro
lustratam Rhodopen, ut mihi devio
      ripas et vacuum nemus
mirari libet. o Naiadum potens
15   Baccharumque valentium
proceras manibus vertere fraxinos,
      nil parvum aut humili modo,
nil mortale loquar. dulce periculum est,
      o Lenaee, sequi deum
20 cingentem viridi tempora pampino.

An Bacchus

Wohin, Bacchus, entführst du mich,
Voll dein? welche Gehölz' eil' ich und Klüft' hindurch,
    Wild vom seltsamen Geist? o wo
Hört umwölbender Fels mich des verherrlichten
    Cäsars ewigen Preis mit Glut
Zu den Sternen erhöhn und in den Rat des Zeus?
    Großes sing' ich und neues, was
Nie gesungen ein Mund! So, auf den Höhen staunt,
    Wach vom Schlummer, die Euias,
Wann sie Hebrus und fern Thrakia, weiß im Schnee,
    Anblickt und wie vom Barbarfuß
Ganz der Rhodope schwärmt: so mich Verirreten
    Freun der Bord' und des öden Hains
Wonnentzückungen. O, du der Najaden Hort
    Und Bacchanten Gewühls, das stark
Mit der Hand die emporragende Esch' entdreht!
    Nicht sei klein und geniedrigt mir,
Nicht sei sterblich der Ton. Süße Gefahr, o Gott,
    O Lenäus, zu folgen dir,
Der mit grünendem Weinlaube die Schläfe kränzt!

                                  (Johann Heinrich Voss)

Zusatztext

Nonnos 22, 1—50

Als sie aber zur Furt gelangten des kieselreichen Hydaspes, des Bakchos Schar zu Fuß, wo in einer Bucht mit tiefen Wirbeln das Wasser schiffbar ist, wie der Nil, und der indische Hydapes aufrauscht, da nun sang die weibliche Stimme der Bassariden, für den nächtlichen Lyaios ein Lied phrygischer Tonart anstimmend, und der zottigen Satyrn Chor erklang mit mystischer Stimme. Und die ganze Erde lachte, es brüllten die Felsen, und die Najaden jauchzten, und über des Flusses stillen Strömungen machten die Nymphen, sich drehend, Rundtänze, und tönten hell den zusammenklingenden Rhythmus des sizilischen Liedes, wie ihn anstimmten aus honigklingenden Kehlen die hymnenbegabten Sirenen. Der ganze Wald erklang, und die gelehrten Eichen stimmten ein Lied an, gleich der Flöte, die Hadryaden frohlockten, und halbsichtbar über einem blätterreichen Blütenzweig sich neigend sang eine Nymphe.

Und von schneeiger Milch wurde die sich ergießende Quelle weiß, wenn sie auch nur aus Wasser bestand, und in der Bucht des Stromes wuschen sich die Najaden in milchweißen Strömen und tranken weiße Milch. Und aus sich rötendem Busen Wein hervorrauschend wurde rauher Felsen purpurfarbig, Most aus unbebautem Hügel durchströmen lassend in Ergüssen, die süß sind zu trinken. Und aus sich selbst ergießenden Höhlungen tropfte die erquickende Gabe der honigtropfenden Biene, der Waben nicht bedürfend. Und von eben geborenen Zweigen liefen empor flaumige, scharfdornige Äpfel. Von selbst ergoß sich das Öl auf die Zweige und mit ungepreßten Tropfen wurde der Athene Baum gebadet. Und Hasen umarmten tanzende Hunde. Und lange Schlangen tobten im Tanz, die Spuren leckend des natterngehaarten Dionysos, den Hals biegend, ließ einer nach dem anderen ein liebliches Zischen aus froher Kehle ertönen. Und es gab da einen sinnvollen Rhythmus in dieser Schlangenfreude, und gebogen wand sich der Zug ihres langen Rückgrates, der mit furchtlosen Füßen Dionysos umwand. Tiger umhüpften rundum Indiens Höhen und spielten. Innerhalb des Waldes sprang ein großer Schwarm bergbewohnender Elefanten umher. Und dann durchrannten in felsigen Schluchten umherirrende Pane die unzugänglichen, wilden Gebirge auf feinen Hufen, in die nicht ein kühner Vogel als leichter Wanderer flog ... Er durchmaß sie mit dem doppelten Schwung der hochreckenden Flügel. Und schüttelnd die Mähne, die seinen Rachen umwallte, tanzte ein Löwe als Partner gegenüber einem schreitenden Eber. Vögel ließen die Nachahmung menschlicher Stimme ertönen unvollendet nachgeahmten Schrei erstehend, Sieg im indertötenden Kampfe weissagend, und den von den grünglänzenden Gliedern hängenden langen Schweif schüttelten sie in ganzer Länge. Und in gleich eifrigem Tanz hochspringend lief ein Panther hinzu, einem Bären mitlaufend.

Aufgaben

1. Nonnos schrieb um 500 n. Chr. ein riesiges Epos in 48 Büchern, über die Entstehung und Ausbreitung des Dionysosglaubens, vor allem dessen siegreiche Auseinandersetzung mit den Indern. Der Zug des Dionysos ist eine in das Naturreligiöse transponierte Nachahmung des Alexanderzuges nach Asien. Das griechische Gedicht des Nonnos ist das letzte große Gedicht der Antike.
2. Hier lesen Sie einen Ausschnitt aus der Mitte des Epos zur Illustration des Wesens des Dionysosglaubens und der Wirkung des Gottes auf die Natur.
3. Welche Beziehung besteht zwischen dem Gott Dionysos und den Künsten, hier besonders Musik und Tanz? Auf welche Weise sind diese in die Natur hineinverwoben?
4. Wie stellt Nonnos das Gefolge des Bakchos dar? Vergleichen Sie mit der Darstellung bei Horaz!
5. Wie äußert sich bakchische Lebensfreude und Naturüberschwang (das ekstatische Wesen der Dionysos-Religion)?
6. Wie wirkt der Gott auf die Natur ein? Wo ereignen sich unter seinem göttlichen Einfluß Wunder?
7. Worin offenbart sich das absolut Irrationale der bakchischen Religion?
8. Suchen Sie Parallelen und Unterschiede zu dem Dionysischen bei Horaz!

Das Musengedicht

Carmen III 4

>   Descende caelo et dic age tibia
>   regina longum Calliope melos,
>   seu voce nunc mavis acuta,
>   seu fidibus citharave Phoebi.
>
> 5 auditis an me ludit amabilis
>   insania? audire et videor pios
>   errare per lucos, amoenae
>   quos et aquae subeunt et aurae.
>
>   me fabulosae Vulture in Apulo
> 10 nutricis extra limen Apuliae
>   ludo fatigatumque somno
>   fronde nova puerum palumbes
>
>   texere, mirum quod foret omnibus,
>   quicumque celsae nidum Acherontiae
> 15   saltusque Bantinos et arvum
>   pingue tenent humilis Forenti,
>
>   ut tuto ab atris corpore viperis
>   dormirem et ursis, ut premerer sacra
>   lauroque collataque myrto,
> 20   non sine dis animosus infans.

vester, Camenae, vester in arduos
tollor Sabinos, seu mihi frigidum
Praeneste seu Tibur supinum
    seu liquidae placuere Baiae.

25 vestris amicum fontibus et choris
non me Philippis versa acies retro,
devota non exstinxit arbos,
    nec Sicula Palinurus unda.

utcumque mecum vos eritis, libens
30 insanientem navita Bosphorum
temptabo et urentis harenas
    litoris Assyrii viator,

visam Britannos hospitibus feros
et laetum equino sanguine Concanum,
35 visam pharetratos Gelonos
    et Scythicum inviolatus amnem.

---

1 **dicere ... tibia** zur Flöte ertönen lassen **age** wohlan! 2 **Calliope** *eine der neun Musen (eigentlich die des Heldenliedes)* **melos** *(gr.)* Lied 3 **acutus** hell, klar **voce acuta** *vielleicht:* mit unbegleitetem Gesang 4 **fides, -ium** Saitenspiel 5 **ludere** verspotten, täuschen 6 **insania** Wahnsinn **videri** glauben **pius** heilig 7 **amoenus** lieblich 8 **subire** durchströmen 9 **fabulosus** sagenhaft *(auf palumbes bezogen)* **Vultur** *Gebirge im Westen von Venusia, der Heimatstadt des Horaz* **Apulus** apulisch 10 **nutrix** Amme 11 **fatigatus** müde 12 **frons nova** frisches Laub **palumbes** Ringeltaube 14 **celsus** hochgelegen **nidus** Nest **Aceruntia** *(heute: Acerenza)*, **Bantia** *(Adj.* Bantinus, *heute:* Abbadia die Banzi)*, **Forentum** *(heute: Forenza): Orte in der Nachbarschaft von Venusia (heute: Venosa)* 16 **pinguis** fett, fruchtbar **humilis** niedrig 17 **vipera** Giftschlange 18 **ursus** Bär **premere** bedecken 19 **laurus** Lorbeer **myrtus** Myrte **conferre** daruntermischen 20 **animosus** mutig 21 **Camena** Muse **ardui Sabini** *(sc.* montes*)* steiles Sabinergebirge 23 **Praeneste** *(heute: Palestrina) Ort am Rande des Sabinergebirges* **supinus** hoch 24 **liquidus** klar **Baiae** *Badeort an der Bucht von Baiae, westlich von Neapel* 26 **Philippi** *Ort in Makedonien, wo die berühmte Schlacht (42 v. Chr.) stattfand, an der Horaz teilnahm* **retro** rückwärts (zur Flucht) **devota arbor** (fluchbeladener Baum): *in Carmen II 17 spricht der Dichter von einem Baum, der ihn fast erschlagen hätte* **extinguere** vertilgen 28 **Palinurus** *Vorgebirge an der Westküste von Unteritalien, wo der Steuermann von Aeneas den Tod fand – Anspielung auf ein uns unbekanntes Ereignis aus dem Leben des Horaz* 29 **utcumque** wenn auch immer **libens** gern 30 **insanire** toben **navita** = nauta **Bosphorus** Bosporus *(Meerenge der Straße von Konstantinopel)* 32 **Assyrius** assyrisch **viator** Wanderer 33 **visere** besuchen **ferus** unfreundlich 34 **equinus sanguis** Pferdeblut **Concanus** *kantabrischer Volksstamm in Nordspanien* 35 **pharetratus** köchertragend **Gelonus** *sarmatischer Volksstamm in der heutigen Ukraine* 36 **Scythicus amnis** = Tanais (Don)

vos Caesarem altum, militia simul
fessas cohortis abdidit oppidis,
   finire quaerentem labores
40   Pierio recreatis antro.

vos lene consilium et datis et dato
gaudetis almae. scimus ut impios
   Titanas immanemque turbam
     fulmine sustulerit caduco,

45 qui terram inertem, qui mare temperat
ventosum, et urbes regnaque tristia
   divosque mortalisque turmas
     imperio regit unus aequo.

magnum illa terrorem intulerat Iovi
50 fidens iuventus horrida bracchiis
   fratresque tendentes opaco
     Pelion imposuisse Olympo.

sed quid Typhoeus et validus Mimas,
aut quid minaci Porphyrion statu,
55   quid Rhoetus evulsisque truncis
     Enceladus iaculator audax

contra sonantem Palladis aegida
possent ruentes? hinc avidus stetit
   Vulcanus, hinc matrona Iuno et
60   numquam umeris positurus arcum,

qui rore puro Castaliae lavit
crinis solutos, qui Lyciae tenet
   dumeta natalemque silvam,
     Delius et Patareus Apollo.

65 vis consili expers mole ruit sua:
vim temperatam di quoque provehunt
   in maius; idem odere viris
     omne nefas animo moventis.

testis mearum centimanus Gyas
70 sententiarum, notus et integrae
   temptator Orion Dianae,
     virginea domitus sagitta.

iniecta monstris Terra dolet suis
maeretque partus fulmine luridum
75   missos ad Orcum; nec peredit
     impositam celer ignis Aetnen,

```
        incontinentis nec Tityi iecur
        reliquit ales, nequitiae additus
        custos; amatorem trecentae
80      Perithoum cohibent catenae.
```

40 recreare erquicken   **Pierium antrum** *(Pierien ist eine Landschaft in Thessalien am Olymp)* Musengrotte *nach dem Sieg über Antonius 31 v. Chr. siedelte Augustus 120 000 Veteranen an in Landstädten*   **42 almus** gütig   **43 Titanes** Titanen, *Kinder des Uranos und der Gaia, stürzten ihren Vater vom Thron und herrschten als Götter, wurden aber von Zeus besiegt und in den Tartarus geworfen*   **44 caducus** niederfallend   **45 iners** träg   **46 temperare** beherrschen   **ventosus** stürmisch   **47 divi** = dei   **turma** Schar   **50 fidens** trotzig   **horridus** schrecklich   **51 tendere** streben, versuchen   **opacus** schattig   **52 Pelion** Gebirge in Thessalien *(auf der Halbinsel Magnesia); die Namen in V. 53—56 bezeichnen einzelne Giganten*   **54 minax** drohend   **status** Stellung, Gebärde   **55 evolvere** ausreißen   **truncus** Baumstamm   **56 iaculator** Schleuderer   **57 aegis, -idis** *(gr. Akk. -ida)* Götterschild   **58 ruere** angreifen   **60 umerus** Schulter   **positurus** = depositurus   **61 ros, roris** Tau   **Castalia** Quelle bei Delphi am Parnaß, dem Apollo und den Musen heilig   **lavare** waschen   **62 solutus** wallend, offen   **Lycia** *Landschaft im Südwesten Kleinasiens, wo Apollo in Patara einen Tempel hatte*   **63 dumetum** Gebüsch, Hain   **natalis** der Geburt   **65 consili expers** ohne Einsicht   **moles** Wucht   **66 temperatus** gemäßigt   **provehere** voranbringen, steigern   **69 testis** Zeuge   **centimanus** hunderthändig   **Gyges** *ein Gigant*   **70 sententia** Wort   **integer** unberührbar   **71 temptator** Versucher, Nachsteller   **Orion** *Jäger, wurde von Diana getötet*   **73 inicere** + Dat. darüber werfen   **74 partus, -us** Geburt, Nachkomme   **fulmen** Blitz   **luridus** fahl   **75 Orcus** Unterwelt   **peredere** verzehren   **76 Aetne** *feuerspeiender Berg Siziliens (-en gr. Akk.)*   **77 incontinens** unbeherrscht   **Tityus** *wollte sich gegen Latona vergehen, wofür ihm ein Adler in der Unterwelt die Leber aushackt*   **78 ales** Vogel   **nequitia** Ruchlosigkeit   **79 amator** von Liebe besessen   **80 Pirithous** *wollte mit Theseus zusammen Proserpina rauben*   **cohibere** fesseln

Aufgaben

1. Ist es selbstverständlich, daß Horaz hier seinen Musenglauben so sehr mit einer Art Naturreligion oder Sehnsucht nach Einkehr oder Rückkehr in die Harmonie der freien Natur verbindet?
2. Vergleichen Sie die magischen Züge des Gedichtes (z. B. das Kindheitserlebnis oder in V. 29 ff. utcumque mecum vos eritis ... temptabo ... inviolatus) mit Carmen I 22!
3. Wie sieht die Musenreligion des Horaz aus, die doch wohl seine persönlichste Religion darstellt (cf. Carmen I 17)?
4. Inwieweit ist das Gedicht ein Hymnus auf die Musen?
5. Was haben die Musen des ersten Teiles mit der Bändigung der Titanen und sonstigen Ungeheuer des zweiten Teils zu tun?
6. Was ist vis consili expers und vis temperata?
7. Welcher Art ist der ethisch-philosophische Gehalt des Gedichtes, und wie ist er in Poesie umgesetzt?

Carmen III 9

        Donec gratus eram tibi
nec quisquam potior bracchia candidae
        cervici iuvenis dabat,
Persarum vigui rege beatior.
5   'donec non alia magis
arsisti neque erat Lydia post Chloen,
        multi Lydia nominis
Romana vigui clarior Ilia.'
        me nunc Thraessa Chloe regit,
10   dulcis docta modos et citharae sciens,
        pro qua non metuam mori,
si parcent animae fata superstiti.
        'me torret face mutua
Thurini Calais filius Ornyti,
15   pro quo bis patiar mori,
si parcent puero fata superstiti.'
        quid si prisca redit Venus
diductosque iugo cogit aeneo,
        si flava excutitur Chloe
20   reiectaeque patet ianua Lydiae?
        'quamquam sidere pulchrior
ille est, tu levior cortice et improbo
        iracundior Hadria,
tecum vivere amem, tecum obeam libens.

1 **donec** solange   **gratus** angenehm, willkommen   2 **potior** lieber, willkommener   **bracchium** Arm   **candidus** weiß   3 **cervix** Nacken   4 **vigere** blühend sein, leben   6 **ardere** + *Abl.* für jemand brennen, glühend lieben   **Chloen** *gr. Akk.*   7 **multi nominis** *(Gen. qualit.)* berühmt   8 **Ilia** = Rhea Silvia, *Tochter des Numitor, von Mars Mutter von Romulus und Remus, also Stammutter der Römer*   9 **Thressa Thrakerin**   10 **dulcis modos** *Akk. der Beziehung* (in lieblichen Weisen)   **cithara** Saiteninstrument   **sciens** kundig   12 **superstiti** *(von: superstes)* so daß sie überlebte   13 **torrere** dörren, verbrennen   **fax** (Liebes-) Fackel, Liebesfeuer   **mutuus** wechselseitig   14 **Thurinus** Einwohner von Thurii *(Stadt in Süditalien, die Athener 443 v. Chr. an der Stelle des untergegangenen Sybaris gegründet haben)*   17 **priscus** alt   **Venus** Liebe   18 **diducere** trennen   **cogere** zusammenzwingen   **aeneus** ehern   19 **flavus** blond   **excutere** vertreiben   20 **reicere** verstoßen   **ianua** Tür   22 **cortex** Kork   **improbus** wild   23 **iracundus** jähzornig   **Hadria** Adriatisches Meer   **obire** sterben   **lubens** gern

Aufgaben

1. Arbeiten Sie die strenge Symmetrie des Aufbaues dieser Ode heraus!
2. Wie ist der Dialog des Gedichtes geführt, damit die getrennten Liebenden sich am Schluß wieder vereinigen können?
3. Womit übertrumpft Lydia jedesmal durch Steigerung das vom Dichter Gesagte? Welche Wirkung ergibt diese Technik?
4. Welche Liebesauffassung liegt zugrunde?
5. Inwieweit verbirgt sich Ernst hinter dem vordergründigen Scherz des Liebesdialoges?

Carmen III 14

> Herculis ritu modo dictus, o plebs,
> morte venalem petiisse laurum
> Caesar Hispana repetit penatis
>   victor ab ora.
>
> 5 unico gaudens mulier marito
> prodeat iustis operata divis,
> et soror clari ducis et decorae
>   supplice vitta
>
> virginum matres iuvenumque nuper
> 10 sospitum. vos, o pueri et puellae
> iam virum expertae, male nominatis
>   parcite verbis.
>
> hic dies vere mihi festus atras
> eximet curas; ego nec tumultum
> 15 nec mori per vim metuam tenente
>   Caesare terras.
>
> i pete unguentum, puer, et coronas
> et cadum Marsi memorem duelli,

1 **ritu** nach Art   **modo** noch eben   2 **morte venalis** nur um den Preis des Todes käuflich   **petiisse** = petivisse (erstreben)   3 **Hispanus** spanisch   **repetere** wieder aufsuchen, heimkehren   5 **unicus** einzig(-artig), unvergleichlich   **maritus** Gatte   6 **prodire** hervortreten   **iusta sacra** die angebrachten religiösen Riten   **operari** darbringen, opfern   7 **decorus** schön, geschmückt   8 **supplex** bittflehend   **vitta** Binde   9 **nuper** eben erst   10 **sospes, -itis** gerettet, unversehrt   11 **expertus** + *Akk.* kennend   **male nominatus** mit schlechter Vorbedeutung, unglücklich, Unglück bringend   12 **parcere** verzichten   14 **exigere** vertreiben   15 **pervius** gewaltsam   17 **unguentum** Salböl   18 **cadus** Krug   **Marsum duellum** Marserkrieg *(Bundesgenossenkrieg 90—87)*

43

> Spartacum si qua potuit vagantem
20   fallere testa.
>
> dic et argutae properet Neaerae
> murreum nodo cohibere crinem;
> si per invisum mora ianitorem
> fiet, abito.
>
25   lenit albescens animos capillus
> litium et rixae cupidos protervae;
> non ego hoc ferrem calidus iuventa
> consule Planco.

19 **Spartacus** Führer des Sklavenaufstandes 73—72   20 **fallere** täuschen, entgehen   **testa** Tonkrug   21 **argutus** hellsingend   22 **murreus** braun   **nodus** Knoten   **cohibere** zusammenbinden   **crinis** Haar   23 **invisus** verhaßt, gehässig   **ianitor** Türhüter, Pförtner   25 **lenire** mildern   **albescere** weiß werden   **animus, -i** Gemüt   **lis, litis** Streit   **rixa** Zank   **protervus** frech   27 **calidus** heißblütig

Aufgaben

1. Deuten Sie das Gedicht als hervorragendes Beispiel für die Kunst des Horaz, in Andeutungen zu sprechen und gegensätzliche Lebensbereiche durch Poesie zu verbinden!
2. Wie verschmilzt Horaz hier Politik und Privatleben, Siegeslied und Liebesgedicht?
3. Benützen Sie den Aufbau des Gedichtes als wesentlichen Teil seiner Aussage! Gehen Sie dabei von der mittleren Strophe V. 13—16 aus! Wie passen dazu die ersten und die letzten drei Strophen?
4. Welches ist der Anlaß des Gedichtes, und wie will Horaz diesem Anlaß gerecht werden?
5. Analysieren Sie Klang und Wortschatz der Eingangsstrophe! Wie verherrlicht Horaz Augustus? Vergleichen Sie damit andere Augustusgedichte! Doch ist hier das Augustusthema nur ein Element unter mehreren!
6. In welcher Form hat die Kaiserfamilie und das ganze Volk Anteil am Sieg des Augustus?
7. Welche Konsequenzen hatte Politik für das Leben jedes einzelnen Bürgers?
8. Was hat es für einen (tieferen) Sinn, daß Horaz bei dieser Gelegenheit Wein aus der Zeit des Marserkrieges (90—87) trinken möchte? Warum erwähnt er Spartacus?
9. Welche Gewohnheiten hatte Horaz, ein solches Fest privat zu feiern?
10. Welches Überraschungsmoment liegt in „abito" V. 24?
11. Warum spricht Horaz am Schluß von einer Wandlung, die in ihm seit seiner Jugend eingetreten ist (mit Consul Plancus meint er das Jahr 42 v. Chr., als Horaz an der Schlacht von Philippi teilnahm)? Das Gedicht bezieht sich wohl auf die Heimkehr des Augustus im Frühjahr 23.

Carmen III 29

    Tyrrhena regum progenies, tibi
    non ante verso lene merum cado
      cum flore, Maecenas, rosarum et
      pressa tuis balanus capillis

5   iamdudum apud me est. eripe te morae,
    nec semper udum Tibur et Aefulae
      declive contempleris arvum et
      Telegoni iuga parricidae.

    fastidiosam desere copiam et
10 molem propinquam nubibus arduis;
      omitte mirari beatae
      fumum et opes strepitumque Romae.

    plerumque gratae divitibus vices
    mundaeque parvo sub lare pauperum
15   cenae sine aulaeis et ostro
      sollicitam explicuere frontem.

    iam clarus occultum Andromedae pater
    ostendit ignem, iam Procyon furit

---

1 **Tyrrhenus** *etruskisch*   **progenies** Nachkommenschaft, Nachkomme   **Maecenas** *gestorben 8 v. Chr., führte seine Abstammung auf etruskische Königsgeschlechter zurück, er gehörte zum genus Cilnium (wahrscheinlich durch seine Mutter); er weigerte sich, offizielle Ämter anzunehmen, gehörte aber zum engsten Kreis des Augustus und half ihm nach Kräften; seine Unterstützung der zeitgenössischen Künstler ist sprichwörtlich geworden, sein Dichterkreis (er schrieb selbst auch Verse) umfaßte Leute wie Vergil, Properz, Horaz; ihm verdankte Horaz seine materielle Unabhängigkeit, wofür er ihm zahlreiche Gedichte widmete*   2 **vertere** wenden (zum Ausgießen)   **lenis** mild   **merum** (ungemischter) Wein   **cadus** Krug   4 **tuis ... capillis** Dativ   **balanus** (= *myrobalanum*) eichelförmige Frucht eines orientalischen Baumes (aus Ägypten und Arabien); aus dem Rindenöl des Baumes wurde eine Duftessenz hergestellt   6 **udus** feucht   **Aefula** *südlich von Tibur, am Westhang des Sabinergebirges*   7 **declivis** abschüssig   **arvum** Flur   8 **Telegonus** *Gründer von Tusculum, Sohn des Odysseus von Kirke; er tötet den Vater, da er ihn nicht erkennt*   **iugum** Bergrücken   **parricida** Vatermörder   9 **fastidiosus** Überdruß schaffend   10 **moles** Masse, hoher Palast   11 **omittere** aufhören   **mirari** = admirari   12 **strepitus** Lärm   13 **vices** *pl.* Wechsel   14 **mundus** reinlich   **lar** Hausgott, Haus   15 **aulaeum** (gr. αὐλαία) Teppich   **ostrum** Purpur   16 **sollicitus** aufgeregt, sorgenzerfurcht   **explicare, -ui** glätten   17 **clarus** strahlend   **Andromedae pater** Cepheus, *als Sternbild (Abendaufgang am 9. Juli)*   18 **Procyon** *Frühaufgang am 15. Juli*

   et stella vesani Leonis,
20   sole dies referente siccos:

  iam pastor umbras cum grege languido
  rivumque fessus quaerit et horridi
    dumeta Silvani, caretque
     ripa vagis taciturna ventis.

25 tu civitatem quis deceat status
  curas et Urbi sollicitus times
    quid Seres et regnata Cyro
     Bactra parent Tanaisque discors.

  prudens futuri temporis exitum
30 caliginosa nocte premit deus,
    ridetque si mortalis ultra
     fas trepidat. quod adest memento

  componere aequus; cetera fluminis
  ritu feruntur, nunc medio alveo
35   cum pace delabentis Etruscum
     in mare, nunc lapides adesos

  stirpesque raptas et pecus et domos
  volventis una non sine montium
    clamore vicinaeque silvae,
40   cum fera diluvies quietos

  irritat amnis. ille potens sui
  laetusque deget, cui licet in diem
    dixisse 'vixi: cras vel atra
     nube polum Pater occupato

45 vel sole puro; non tamen irritum,
  quodcumque retro est, efficiet neque
    diffinget infectumque reddet,
     quod fugiens semel hora vexit.'

  Fortuna saevo laeta negotio et
50 ludum insolentem ludere pertinax
    transmutat incertos honores,
     nunc mihi, nunc alii benigna.

  laudo manentem; si celeris quatit
  pennas, resigno quae dedit et mea
55   virtute me involvo probamque
     pauperiem sine dote quaero.

>   non est meum, si mugiat Africis
>   malus procellis, ad miseras preces
>   decurrere et votis pacisci
> 60   ne Cypriae Tyriaeque merces
>
>   addant avaro divitias mari.
>   tunc me biremis praesidio scaphae
>   tutum per Aegaeos tumultus
>   aura feret geminusque Pollux.

19 vesanus wahnsinnig (wegen der Hitze)   **Leo** *Frühaufgang am 20. Juli*   **Maecenas** *war wohl sternkundig (cf. Carmen II 17)*   **20 referre** bringen   **siccus** trocken   **21 languidus** erschlafft (von Durst)   **22 horridus** struppig   **23 dumetum** Gestrüpp, Gebüsch   **Silvanus** *sehr alter italischer Waldgott (Vergil nennt ihn zusammen mit Pan und den Nymphen)*   **27 Seres** Chinesen, *Bewohner des fernen Ostens (Beispiel für den politischen „Weitblick" des Maecenas)*   **Cyrus** *bedeutender Perserkönig*   **28 Bactra** *nördliche Provinz des Perserreiches (zu jener Zeit unter der Herrschaft der Skythen)*   **Tanais** *Don, Grenze zu Asien, durchfließt das Skythenland*   **discors** uneinig *(Anspielung auf innere Kämpfe der Skythen)*   **30 caliginosus** finster   **premere** bedecken   **32 trepidare** sich ängstigen   **33 conponere** ordnen   **aequos** in Ausgeglichenheit   **34 ritu** nach Art   **ferri** dahintreiben   **alveus** Flußbett   **35 delabi** hinabgleiten   **Etruscum mare** Tyrrhenisches Meer (cf. I 11)   **36 adesus** ausgewaschen   **37 stirps** Baumstamm   **38 volvere una** mit sich wälzen   **39 clamor** Widerhall   **40 diluvies** (Sint-)Flut   **41 irritare** aufreizen   **potens sui** sein eigener Herr   **42 degere** leben   **44 polus** Himmelspol   **occupare** bedecken   **45 irritus** ungeschehen   **46 retro esse** zurückliegen   **efficere** machen   **47 diffingere** verändern   **infectus** ungeschehen   **vehere** wegtragen   **49 saevus** grausam   **50 insolens** übermütig   **pertinax** hartnäckig   **51 transmutare** auswechseln, vertauschen   **52 benignus** gütig, gnädig   **53 quatere pinnas** die Flügel schlagen   **54 resignare** zurückerstatten   **55 involvere** einhüllen   **56 dos** Mitgift   **57 mugire** brüllen, ächzen   **Africus** Südwind   **58 procella** Sturm   **59 decurrere** sich herablassen   **pacisci** sich ausbedingen, aushandeln   **60 Cypriae Tyriaeque merces** Waren aus Cypern und Tyrus *(in Phönikien)*   **61 avarus** habgierig   **62 biremis** zweirudrig   **praesidium** Schutz   **scapha** Kahn   **Aegaei tumultus** Aufruhr der Ägäis   **64 aura** Lufthauch   **geminus** Zwilling Pollux *die Dioskuren waren Schutzherren der Seefahrt, Retter aus Seenot*

Aufgaben

1. Wie variiert Horaz hier das Schema der Einladung (das er auch in anderen Gedichten verwendet: z.B. I 17) und verbindet es mit philosophischen Betrachtungen über das Leben?

2. Beobachten Sie hier allgemein, wie Horaz es versteht, philosophische Gedanken in einprägsame Bilder umzusetzen!

3. Bei welchen philosophischen Richtungen macht Horaz hier Anleihen, und wie macht er die bekannten Lehrmeinungen und Gedanken zu seiner eigenen philosophischen Poesie (kann man sagen „Gedankenlyrik"?)?

4. Macht die horazische „Existenzphilosophie" (sein Epikureismus, der jedoch mit anderen Elementen durchsetzt ist) politisches Planen überflüssig oder liefert sie den Menschen gerade der Macht der politisch Aktiven aus?
5. Vergleichen Sie V. 32f. mit Carmen II 3!
6. Welche Theologie liegt hier zugrunde? Welcher Begriff von Fortuna erscheint? Stören diese den Epikureismus?
7. Was bedeutet V. 54f. „mea virtute me involvo"?
8. Woher nimmt Horaz die Sicherheit und das Vertrauen, die er in der letzten Strophe äußert: „... me ... tutum ... aura feret ..."?
9. Machen Sie eine Aufbauskizze des Gedichtes!
10. Ermöglicht die Länge der Ode (64 Verse) größere Differenzierung, reicher ausgestaltete Bilder, ausführlichere Beispiele, im ganzen eine erschöpfendere Behandlung der Thematik? Vergleichen Sie darin überhaupt die längeren mit den kürzeren Horazgedichten!
11. Wie ist das Thema der Armut angepackt? Bedeutet sie wirklich für den Reichen Erholung, oder ist es philosophische (epikureische?) Ideologie?
12. Arbeiten Sie den poetischen Wert des Sommerbildes heraus, das sich Horaz (wegen der Länge des Gedichts) in V. 17−24 gönnen kann!
13. Gefällt Ihnen persönlich die knappe oder die ausführliche Dichtung von Horaz besser? Worin scheint er seine Kunst besser zeigen zu können?
14. Beachten Sie die sprachliche Geste in V. 25−32, wo nach der Aufzeichnung der weiten geographischen, politischen, historischen Dimensionen, in denen sich das Denken des Maecenas bewegt, die Klugheit des Gottes betont wird, der Zukunftsplanung unmöglich macht! Wie wird dann diese Philosophie des Augenblicks allgemein auf das Leben des einzelnen übertragen? Ist eine solche Denkweise, die den Blick in die Zukunft möglichst ausschaltet, für das Leben hilfreich?

Unsterblichkeit des Dichterruhms

Carmen III 30

> Exegi monumentum aere perennius
> regalique situ pyramidum altius,
> quod non imber edax, non Aquilo impotens
> possit diruere aut innumerabilis
> 5 annorum series et fuga temporum.
> non omnis moriar, multaque pars mei
> vitabit Libitinam: usque ego postera
> crescam laude recens, dum Capitolium
> scandet cum tacita virgine pontifex.
> 10 dicar, qua violens obstrepit Aufidus
> et qua pauper aquae Daunus agrestium
> regnavit populorum, ex humili potens
> princeps Aeolium carmen ad Italos

deduxisse modos. sume superbiam
15 quaesitam meritis et mihi Delphica
lauro cinge volens, Melpomene, comam.

1 **exigere** *ausführen, errichten* **perennis** *fortdauernd, ewig* 2 **regalis** *königlich* **situs, -us** *Lage* **pyramis, -idis** *Pyramide* 3 **imber** *Regen* **edax** *fressend* **Aquilo** *Nordwind* **impotens** *unbeherrscht* 4 **diruere** *zerstören* **innumerabilis** *unzählbar* 5 **series** *Reihe* 7 **Libitina** *römische Todesgöttin* **usque** *immerzu* **posterus** *bei der Nachwelt* 8 **recens** *frisch* 9 **scandere** *steigen* **virgo** *Vestalin* **pontifex** *(sc. maximus) Oberpriester* 10 **dicere** *nennen* **violens** *heftig* **obstrepere** *rauschen* **Aufidus** *Fluß in Apulien, nahe Venusia, woher Horaz stammt (heute: Ofanto)* 11 **Daunus** *sagenhafter König von Apulien (Süditalien)* **agrestis** *ländlich* 12 **ex humili potens** *knappe Formel für den Aufstieg des Dichters aus niederem Stande zu Ruhm* 13 **Aeolius** *äolisch (in dieser Sprache schrieben Sappho und Alkaios)* 14 **deducere** *hinausführen* **modi** *Weisen, Rhythmen* 15 **Delphica lauro** *Lorbeer des Apollo (der Gott der Dichtung ist)* 16 **volens** *gnädig* **Melpomene** *Muse der Dichtung* **coma** *Haar*

Aufgaben

1. Analysieren Sie den Aufbau des Gedichtes!
2. Mit welchen poetischen Mitteln drückt Horaz die erhoffte Unsterblichkeit seiner Dichtung aus?
3. Wie verhält sich die Landschaft seiner Geburt und Herkunft zu Rom, das Provinzielle zum Universellen?
4. Inwieweit ist das Gedicht Ausdruck spezifisch römischen Lebens, und inwieweit ist Horaz ein *römischer* Dichter? Was verdankt er dennoch den *Griechen*?
5. Beeinflußt die Verwendung eines einzigen Metrums den Strom der Bilder und Gedanken? Wie paßt sich dem der Satzbau an?
6. Welche Haltung hat Horaz gegenüber seiner Muse? Wie beurteilt er seine dichterische Leistung? Inwieweit charakterisiert er die Art seiner Poesie?

Zusatztext

Ovid, Metamorphosen XV 871—879

Iamque opus exegi, quod nec Iovis ira nec ignis
nec poterit ferrum nec edax abolere vetustas.
cum volet, illa dies, quae nil nisi corporis huius
ius habet, incerti spatium mihi finiat aevi:
875 parte tamen meliore mei super alta perennis
astra ferar, nomenque erit indelebile nostrum,
quaque patet domitis Romana potentia terris,
ore legar populi, perque omnia saecula fama,
siquid habent veri vatum praesagia, vivam.

Aufgaben

1. Können Sie bei dieser Nachahmung von Horaz, Carmen III 30 durch den jüngeren Dichter formale und inhaltliche Unterschiede feststellen, die von der verschiedenen Gattung und Versform (epischer Hexameter) herrühren?
2. Warum scheut sich Ovid nicht, das Horaz-Gedicht so nah nachzuahmen? Worin besteht dann noch seine Originalität? Ist es als „Plagiat" zu werten?
3. Durch welche Veränderungen macht Ovid die Gedankenfolge des Horaz glatter, leichter verständlich und allgemeingültiger?
4. Wodurch hat Ovid vor allem die komplizierten Eigennamen der Horazode ersetzt?
5. Kann man sagen, daß Ovids Fassung „säkularisiert" ist, daß er religiöse Haltung verneint?
6. Warum spricht Ovid nicht von griechischen Vorbildern (z. B. Aeolium carmen)?
7. Welche Bedeutung hat für Ovid der Nachruhm?

Carmen IV 3

      Quem tu, Melpomene, semel
nascentem placido lumine videris,
      illum non labor Isthmius
clarabit pugilem, non equos impiger
5   curru ducet Achaico
victorem, neque res bellica Deliis
      ornatum foliis ducem,
quod regum tumidas contuderit minas,
      ostendet Capitolio:
10 sed quae Tibur aquae fertile praefluunt
      et spissae nemorum comae
fingent Aeolio carmine nobilem.
      Romae principis urbium
dignatur suboles inter amabilis
15   vatum ponere me choros,
et iam dente minus mordeor invido.
      o, testudinis aureae
dulcem quae strepitum, Pieri, temperas,
      o mutis quoque piscibus
20 donatura cycni, si libeat, sonum,
      totum muneris hoc tui est,
quod monstror digito praetereuntium
      Romanae fidicen lyrae:
quid spiro et placeo, si placeo, tuum est.

1 **Melpomene** *eine der neun Musen, deren Bereich die Tragödie ist, aber hier von Horaz allgemein für Dichtkunst angerufen* 2 **placidus** freundlich, gütig **lumen** Auge, Blick 3 **labor Isthmius** Leistung bei den Sportwettkämpfen am Isthmus von Korinth *(Isthmische Spiele)* 4 **clarare** berühmt machen **pugil** Faustkämpfer **equos** = **equus** **inpiger** feurig 5 **Achaicus** griechisch *(Gegensatz: griechischer Sieger und römischer Triumphator)* 6 **res bellica** kriegerische Tat oder Leistung **Delius** delisch, des Apollo *(der Lorbeer war dem Apollo heilig)* 7 **folium** Blatt *(der Triumphator wurde mit einem Lorbeerkranz geschmückt)* 8 **tumidus** geschwollen, stolz **contundere, -tudi** zerschmettern 10 **Tibur** *Städtchen am Anio, landschaftlich sehr hübsch, heute Tivoli* **praefluere** vorbeifließen 11 **spissus** dicht **comae** Blätter (eigentlich Haar) 12 **fingere** machen zu **Aeolium carmen** Lyrik *(wegen Sappho und Alkaios von der Insel Lesbos so genannt, die auf äolisch schrieben)* **nobilis** berühmt 14 **dignari** für wert halten **suboles** Nachkommenschaft, Jugend **amabilis** liebenswert 15 **vates** Seher, Dichter **ponere** einreihen, dazu zählen **chorus** Reigen, Chor 16 **dens invidus** Zahn des Neides **mordere** beißen 17 **testudo, -inis** Schildkröte, Leier (mit dem Klangkörper eines Schildkrötenpanzers) **aureus** golden *(Wort voller Assoziationen, das die Hochschätzung und Überwältigung des Dichters von seiner Kunst ausdrückt, gleichzeitig eine Anspielung auf Pindar als Vorbild des Lyrikers, der sein I. Pythisches Gedicht so beginnt:* Χρυσέα φόρμιγξ, Ἀπόλλωνος καὶ ἰοπλοκάμων σύνδικον Μοισᾶν κτέανον*)* 18 **strepitus** Klang **Pieris**, *Vok. Pieri* Pieride = Muse **temperare** befehligen, ertönen lassen 20 **donatura** die geben würde oder könnte **cycnus** Singschwan 21 **muneris tui est** es ist dein Geschenk 23 **fidicen** Saitenspieler, Leierspieler **lyra** Leier (Saiteninstrument) 24 **spirare** atmen, leben

Aufgaben

1. Wie persönlich ist dieses Bekenntnis des Dichters zu seinem Glauben an die Muse und an seine Kunst gehalten?
2. Mit welchen anderen Erfüllungen hohen Ehrgeizes vergleicht Horaz hier Dichterruhm? Was sagt dies über dessen Bewertung aus?
3. Arbeiten Sie die griechische und die römische Komponente heraus!
4. Wodurch drückt Horaz seine Dichterfrömmigkeit gegenüber den Göttern der Poesie aus?
5. Inwieweit hält die sich daraus ergebende Bescheidenheit seinem hohen Stolz die Waage?
6. Woraus bezieht Horaz die Inspiration zu seiner Poesie?
7. Welche Stellung hat seine Poesie dem Dichter in der römischen Gesellschaft verliehen?
8. Versuchen Sie den Gefühlsgehalt und die „seelische Temperatur" des Gedichtes zu bestimmen! Mit welchen Mitteln wird stark emotionale Wirkung erreicht?
9. Vergleichen Sie die Ode mit dem ähnlichen Gedicht III 30! Bestimmen Sie im Vergleich zu ihm die Art, wie Horaz hier das Thema des Dichterruhms und seiner Leistung als römische Lyriker angeht!

Carmen IV 15

Phoebus volentem proelia me loqui
victas et urbis increpuit lyra,
    ne parva Tyrrhenum per aequor
        vela darem. tua, Caesar, aetas

5 fruges et agris rettulit uberes,
et signa nostro restituit Iovi
    derepta Parthorum superbis
        postibus et vacuum duellis

Ianum Quirini clausit et ordinem
10 rectum evaganti frena licentiae
    iniecit emovitque culpas
        et veteres revocavit artis,

per quas Latinum nomen et Italae
crevere vires, famaque et imperi
15   porrecta maiestas ad ortus
        solis ab Hesperio cubili.

custode rerum Caesare non furor
civilis aut vis exiget otium,
    non ira, quae procudit ensis
20   et miseras inimicat urbis.

non qui profundum Danuvium bibunt
edicta rumpent Iulia, non Getae,
    non Seres infidive Persae,
        non Tanain prope flumen orti.

25 nosque et profestis lucibus et sacris
inter iocosi munera Liberi
    cum prole matronisque nostris,
        rite deos prius apprecati,

virtute functos more patrum duces
30 Lydis remixto carmine tibiis
    Troiamque et Anchisen et almae
        progeniem Veneris canemus.

1 **loqui** besingen   2 **increpare** schelten   **lyra** zur Leier   4 **vela dare** Segel setzen, segeln   5 **referre** wiederbringen, erneuern   6 **restituere** zurückerstatten   **Parthi** die Parther hatten 53 v.Chr. bei Carrhae den Römern unter Crassus eine schwere Niederlage beigebracht und ihnen die Feldzeichen genommen, die Augustus erst 20 v.Chr. durch Verhandlungen zurückholte   8 **postis** Pfosten   **duellum** = bellum

9 **Ianum** *der Janustempel war im Krieg offen, im Frieden geschlossen* **Quirinus** *vergöttlichter Romulus* 10 **evagari** überschreiten **frenum** Zügel **licentia** Zügellosigkeit 11 **inicere** anlegen **emovere** tilgen, hinauswerfen 12 **revocare** zurückrufen 15 **porrigere** ausdehnen **maiestas** Größe, Hoheit **ortus, -us** Aufgang 16 **Hesperium cubile** abendliches Lager 17 **res** *pl.* Welt **furor** Raserei 18 **exigere** vertreiben **otium** Frieden 19 **procudere** schmieden **ensis** Schwert 20 **inimicare** verfeinden 21 **profundus** tief **Danuvius** Donau 22 **edicta Iulia** Gebote des Augustus **Getae** *Volksstamm am Unterlauf der Donau (gehören zu den Thrakern)* 23 **Seres** Chinesen 24 **Tanais** Don 25 **profesta lux** Arbeitstag 26 **iocosus** heiter 27 **proles** Nachkommenschaft 28 **rite** nach Sitte, fromm **apprecari** im Gebet anrufen 29 **virtute fungi** Tapferkeit zeigen 30 **Lydus** lydisch **remiscere** begleiten **tibia** Flöte 31 **Anchises** *Vater des Aeneas und somit Stammvater der Römer* **almus** gütig 32 **progenies** Nachkomme

Aufgaben

1. Was soll die Einleitung V. 1—4 aussagen? Ist es nur ein Topos, den man oft bei Dichtern findet (z. B. bei Properz), daß man auf das große Heldengedicht (Epos) verzichten will, obwohl man gar nicht daran denkt, Epiker zu werden?
2. Was hat Augustus für Rom geleistet?
3. Welche Kriegstaten Caesars (= des Augustus) werden genannt, und wie werden sie lyrisch darstellbar gemacht?
4. Wie sehr ist dieses Gedicht Ausdruck der kollektiven Stimmung Augustus gegenüber, und wie sehr persönliches Bekenntnis des Horaz?
5. Welche Wirkung muß ein solches Gedicht auf das zeitgenössische Publikum gehabt haben?
6. Wie stellt Horaz die den Römern drohenden Gefahren dar?

Gelagepoesie

Carmen III 21

> O nata mecum consule Manlio,
> seu tu querelas sive geris iocos
>   seu rixam et insanos amores
>   seu facilem, pia testa, somnum,
>
> 5 quocumque lectum nomine Massicum
> servas, moveri digna bono die,
>   descende, Corvino iubente
>   promere languidiora vina.

1 **consule Manlio** *im Jahre 65* 2 **querella** Klage **iocus** Scherz 3 **rixa** Streit **insanus** wahnsinnig 4 **testa** Gefäß, Krug 5 **nomen** Marke (des Weins) **Massicum** *berühmter Wein (vom Mons Massicus, bei Sinuessa)* 6 **moveri digna** wert, berühmt zu werden **bonus dies** Festtag, Glückstag 8 **promere** hervorholen **languidus** mild

        non ille, quamquam Socraticis madet
10   sermonibus, te negleget horridus:
        narratur et prisci Catonis
            saepe mero caluisse virtus.

        tu lene tormentum ingenio admoves
        plerumque duro; tu sapientium
15   curas et arcanum iocoso
            consilium retegis Lyaeo;

        tu spem reducis mentibus anxiis,
        virisque et addis cornua pauperi
        post te neque iratos trementi
20   regum apices neque militum arma.

        te Liber et, si laeta aderit, Venus
        segnesque nodum solvere Gratiae
        vivaeque producent lucernae,
            dum rediens fugat astra Phoebus.

9 **Socratici sermones** sokratische Gespräche   **madere** triefen   10 **horridus** unmenschlich   12 **merum** ungemischter Wein   **calere** warm sein   13 **tormentum** Folter, Anregung   **admovere** heranbringen   15 **arcanus** geheim   16 **retegere** aufdecken   **Lyaeus** = Bacchus Bacchusgabe (Wein)   17 **reducere** wiederbringen   **anxius** ängstlich   18 **virisque et cornua** Kräfte und Mut *(cornua ist sehr konkret und kann auch so stehen bleiben: bildliche Sprache und Umgangston)*   19 **post te** nach deinem Genuß   **trementi** *auf pauperi bezogen* (tremere zittern vor)   20 **apex**, -icis Krone   21 **Liber** *altitalischer Weingott*   22 **segnis** langsam, nicht gern bereit   **nodum solvere** die Verbindung lösen *(sie halten sich an den Händen)*   **Gratiae** Grazien, *Göttinnen der Anmut*   23 **vivus** lebendig, hellwach   **producere** geleiten   **lucerna** Laterne   24 **astrum** Stern   **Phoebus** Sonnengott

Aufgaben

1. Beachten Sie, wie in diesem „philosophischen Trink- und Weinlied" Horaz dem Wein eine ganze Skala moralischer Wirkungsmöglichkeiten entlockt! Gehen Sie davon bei der inhaltlichen Erklärung der Ode aus!
2. Wie ist die formale Anlage dieses Weinliedes? Welche poetischen Elemente geben ihm die Gestalt eines Hymnos? Vergleichen Sie das Gedicht in dieser Hinsicht etwa einem Götterhymnos wie der Mercurode I 10!
3. Warum wird der Wein in Form des Gefäßes (pia testa) angesprochen?
4. Was bedeutet der Beginn mit „O nata mecum consule Manlio"? Steckt dahinter mehr als nur eine äußerliche Datierung?
5. Mit welcher Person ist dieser Wein verbunden? Welche Eigenschaften des Corvinus offenbart er?
6. In welcher Beziehung steht der Wein zur Philosophie?
7. Welche sozialen Wirkungen entfaltet der Wein, welche Lebenshilfe verleiht er?

8. In welcher Richtung wirkt Wein anregend und inspirierend?
9. Welches ist der Bedeutungsgehalt der letzten Strophe mit der Nennung der verschiedenen Götter? Welches Abschlußbild verwendet Horaz, welche Atmosphäre und Stimmung steckt darin?
10. Vergleichen Sie die Aussage des Gedichtes etwa mit der Art, wie Platon in seinem Symposion die Wirkung des Weines philosophisch und sozial einsetzen möchte!
11. Worin besteht die geistige Überlegenheit, die menschliche Wärme und die humane Gesinnung des Gedichtes?

Epode 13

Horrida tempestas caelum contraxit et imbres
   nivesque deducunt Iovem; nunc mare, nunc siluae
Threicio Aquilone sonant. rapiamus, amici,
   occasionem de die, dumque virent genua
et decet, obducta solvatur fronte senectus.
   tu vina Torquato move consule pressa meo.
cetera mitte loqui: deus haec fortasse benigna
   reducet in sedem vice. nunc et Achaemenio
perfundi nardo iuvat et fide Cyllenea
   levare diris pectora sollicitudinibus,
nobilis ut grandi cecinit Centaurus alumno:
   ‚invicte, mortalis dea nate puer Thetide,
te manet Assaraci tellus, quam frigida parvi
   findunt Scamandri flumina lubricus et Simois,
unde tibi reditum certo subtemine Parcae
   rupere, nec mater domum caerula te revehet.
illic omne malum vino cantuque levato,
   deformis aegrimoniae dulcibus adloquiis.'

An die Freunde.

Schauriges Ungewitter umschloß den Himmel; herab steigt
   In Regenguß und Flocken Zeus;
     Meer nun, und Waldungen nun
Hallen vom thracischen Norde durchwühlt. Auf, hascht ihr Geliebten,
   Was uns verleiht des Tages Flug,
     Weil sich noch reget das Knie,
Und es geziemt, entwölkt die umzogene Stirne vom Alter!
   Du, lange Wein hervor, im Jahr
     Meines Torquatus gepreßt!
Schweig von dem übrigen ganz: noch kann durch günstigen Wechsel
   Erneun der Dinge Stand ein Gott.
     Heute die Locken gesalbt

Mit des Achämenes Nard', und cylleneische Saite
    Verbann' aus unsrer Brust den miß-
        launigen Sorgentumult!
So wie der edle Centaur einst sang dem erhabenen Zögling:
    „Du unbesiegter Menschensohn,
        Thetis der Götting entsproßt,
Deiner harrt die Assarakusflur, die der kleine Skamandrus
    Mit kalter Strömung trennt und rasch
        Simois Welle durchfließt.
Doch zu der Umkehr brach das entscheidende Parcengespinst ab:
    Nie trägt nach Hause dich die meer-
        farbige Mutter zurück.
Dort denn jegliches Leid mit Gesang' und Weine verbannet:
    Die abgehärmter Grämlichkeit
        Wonnige Tröstungen sind.

(Johann Heinrich Voss)

Aufgaben

1. Dieses Gedicht ist das älteste einer bestimmten, häufig variierten Richtung horazischer Lyrik. Nehmen Sie es als Urform und vergleichen Sie es mit entsprechenden späteren Gedichten!
2. Aus welchen Elementen setzt sich diese Epode zusammen?
3. Wie weit hat religiöses Denken und Fühlen an dem Gedicht Anteil?
4. Welche wenigen Grundelemente symbolisieren die Lebensfreude? Wie sieht horazische Lebensfreude aus?
5. Wie wird die Natur ins Gedicht hereingenommen? Ist sie realistisch abgebildet?
6. Welche Konsequenz zieht Horaz aus der Endlichkeit des Menschen?
7. Inwieweit dringt die Subjektivität des Dichters in diese Lyrik ein?
8. Analysieren Sie die direkte Rede und ihre Lehre! Warum legt sie Horaz dem Centauren (Chiron) in den Mund?
9. Wie wird Gestalt und Schicksal des Achilleus verwendet? Warum führt überhaupt Horaz den Mythos in dieser lehrhaft-exemplarischen Art ein?
10. Warum schließt das Gedicht mit der direkten Rede?
11. Welches Gewicht und welchen Ernst erhält horazische „Gelage-Philosophie" (omne malum vino cantuque levato) dadurch, daß sie im Angesicht des frühen Todes und des drohenden Unglücks gepredigt wird?
12. Welche Lebensanschauung können wir dem Gedicht als für den Dichter charakteristisch entnehmen?

Carmen III 8

Martiis caelebs quid agam kalendis,
quid velint flores et acerra turis
plena miraris positusque carbo in
    caespite vivo,

docte sermones utriusque linguae:
voveram dulcis epulas et album
Libero caprum prope funeratus
    arboris ictu.

hic dies anno redeunte festus
corticem adstrictum pice dimovebit
amphorae fumum bibere institutae
    consule Tullo.

sume, Maecenas, cyathos amici
sospitis centum et vigiles lucernas
perfer in lucem: procul omnis esto
    clamor et ira.

mitte civilis super urbe curas:
occidit Daci Cotisonis agmen,
Medus infestus sibi luctuosis
    dissidet armis,

servit Hispanae vetus hostis orae
Cantaber sera domitus catena,
iam Scythae laxo mediantur arcu
    cedere campis.

neglegens, ne qua populus laboret,
parce privatus nimium cavere et
dona praesentis cape laetus horae:
    linque severa.

An Mäcenas.

Was ich eh'los treib' an den Marskalenden,
Was die Blüt' hier, staunest du, was die Pfanne
Voll des Weihrauchs soll und gelegte Glut auf
    Lebendem Rasen,
Du, der sinnreich beiderlei Zung' erforscht hat;
Süßen Festschmaus hatt' ich gelobt dem Liber,
Und den Bock schneeweiß, da mich fast zum Leichnam
    Malmte der Baumsturz.

Dieser Tag, ein Fest mit des Jahres Umkehr
Soll den Kork samt bindendem Pech entheben
Einem Krug, der trinken den Rauch gelernet
    Unter dem Tullus.
Nimm, Mäcenas, nimm für des Freundes Wohlfahrt
Hundertmal dein Nippchen und halt' die Leuchter
Wach zum Sonnenaufgang; dir entfernt sei aller
    Hader und Aufruhr.
Ruhen laß für Bürger und Stadt die Obhut.
Nieder sank ja Cotisons Heer des Dakers;
Auch der Meder feindlich sich selbst, erhebt die
    Waffen der Zwietracht;
Unser Erbfeind Cantaber, spät gebändigt,
Trägt der Knechtschaft Kett' am Hispanenufer;
Schon der Scyth' auch sinnt, das Geschoß entspannend,
    Flucht durch die Steppen.
Unbesorgt, wo etwa das Volk in Not sei,
Laß, des Amts entledigt, die bange Vorsicht,
Was die Stund' anbietet, empfah mit Freud' und
    Lege den Ernst ab.

(Johann Heinrich Voss)

Aufgaben

1. Horaz feiert am 1. März, dem Fest der römischen Matronen (Stiftungstag des Tempels der Juno Lucina auf dem Esquilin) den Jahrestag seiner Errettung: er blieb von einem herabfallenden Baum verschont (Carmen II 13). Dazu hat er den ebenfalls ehelosen (caelebs) Maecenas eingeladen.
2. Welche Elemente setzen dieses Festlied zusammen? Vergleichen Sie mit ähnlichen Elementen anderer Gelagegedichte!
3. Wodurch gestaltet Horaz als Gastgeber den Tag festlich?
4. Was erfahren wir aus der Ode über Maecenas und seine politische Rolle?
5. Welche Funktion im Gedicht hat die Nennung der bezwungenen, nicht mehr so gefürchteten Völker?
6. Wodurch will Horaz den Freund zu Entspannung und festlicher Freude anregen?
7. Worin besteht der Reiz der kleinen Ode? Was hat sie uns an spontanem Leben des Horaz über die Jahrtausende hinweg aufbewahrt?
8. Was kann das Gedicht aussagen über die Auffassung des Horaz von seiner Poesie?

987 654 321